「笑われた」ではなく、
「笑ってくれた」と思えばいい。

死んだら、すべて終わり。考えても仕方ないこと――。そう思って、これまで生きてきたオレは、あまり〝死〟に向き合ってきませんでしたね。

それでも、70歳にもなると「オレはどうやって死んでいくんやろか」と思うことがあります。面倒なことに〝死〟とか〝老い〟がテーマの取材を受けることも増えました。

〝死〟について考えたときに、頭にまっさきに浮かんだのは映画『麻雀放浪記』。高品格が演じた出目徳が、九蓮宝燈を上がって急死したシーンです。

出目徳は、麻雀のなかでもっとも難しくて、幻の役満といわれる役を上がったショックで死にました。手には上がりの麻雀牌を握りしめていましたね。

しいて言うなら、彼のように絶頂のときに死ぬことが、もしかして〝理想の死〟じゃないかと思うようになったんですよ。

それならば、50年間通い続けている競艇場で、大穴を当てた瞬間にあの世へ旅立っていくのも悪い話ではないかなと、今は考えているんです。

全国には24カ所ものボートレース場がありますが、この世を去るのなら、もっともお世話になっている「ボートレース平和島」がいいですね。名前も〝平和島〟で、なんだか穏やかで、安らぎそうだし……。

ちなみに、これまでオレが当てた最高配当額81万円。せっかくなら、それを超える100万円くらいの〝万舟（券）〟が当たった瞬間がいいですね。

大穴を当てて、歓喜の頂点で、ガクッと苦しまずに死んでいく。手には当たった万舟券を握りしめて……。

そんなオレを見て、競艇場にいるおじさんたちは「バカだな」とクスクスと笑うでしょうね。担架で運ばれていくオレに「大穴当ててショックで倒れたヤツがいるぞ」と、後ろ指をさすかもしれませんね。

オレにもし意識が少し残っていて、そういうおじさんたちを見ても、オレは「ひどいな」とは思いません。たぶん、気持ちとしては、「ま、いいか」という感覚でしょうね。

というのも、人の感情や行動はつねに自由だし、どんな発想をしてもいいからです。法律に触れていなければ、どんな振舞いをしても許されます。オレ自身、自由に生きてきました。だから、オレが死んでいくところを見て笑うのも、その人の自由。無理に心配されるよりか、ましですよ。

また、オレが大切にしていることは、「人からどう思われるか」ではなく「自分がどう思うか」。どう思われようが、オレが「ま、いいか」と思っていれば、それでいいんです。

そもそも、万舟券を握りしめて倒れ込んだオレの姿を笑われても、「笑われた」とは思いません。オレは、小さいときから、人から笑われることが嫌いではぁりませんでした。それは「笑われた」という感覚ではなく「笑ってくれた」と思っているからです。熱湯風呂に入れられようが、クイズ番組で恥をかこうが、「笑ってくれた」と思えば、なんだか嬉しくなるんですよね。

今回、「人生相談」本の第二弾を出すということを出版社の担当者から聞いたとき、「どうせ売れませんよ」と言いました。シリーズの二冊目なんて、売れるわけがありません。

それでも「ほら見ろ」とか「調子に乗りすぎだ」と笑われることも、オレのなかでは、どうってことないこと。

「ま、いいか」――。人からどう思われたって、「ま、いいか」ですよ。

笑われる勇気

蛭子能収

光文社

目次

装丁・デザイン　漆畑一巳（ファブ）
写真　谷口 京
スタイリング　矢野恵美子
ヘアメーク　田中芳郎（NHKアート）
取材協力　森永真志（ファザーズ・コーポレーション）
構成　山内 太
編集　吉田健一

「笑われる」心得1

〝ヒンシュク〟は正しく買おう。

〝ピンシュク〟の多い人生を送ってきました

オレは人から「〝ピンシュク〟だ」と、よく言われます。「とんでもない〝人でなし〟だ」とも噂されているようですね。

オレにとって、もっとも〝ピンシュク〟を買う行為は、他人の感情を抑えつけること。オレはそんなことをしないから〝ピンシュク〟な人間だといわれても、ピンときません。でも、思い当たるとすれば、葬式で笑ってしまうことでしょうかね。

オレが葬式で笑ってしまうことは、たくさんの人が知っているようで、最近では葬式に呼ばれることもなくなりました。とてもありがたいことです。オレもなるべく葬儀には行きたくありません。

最後に葬式で笑ってしまったのは、かれこれ20年以上前。24歳で亡くなった漫画家の山田花子さんの自宅に線香を上げに行ったときでした。

漫画家の根本敬さんと、駅で待ち合わせましたが、山田さんの家にたどり着くまで、根本さんから「蛭子さん、笑わないでよ、絶対に笑わないでよ」とずっと言われ続けていました。根本さんは、オレが葬式のような緊張する場面で笑う癖があることを知っていたんですよ。

でも、ダメでしたね。仏前で線香をあげようとしたとき、線香が長すぎたから、2つに折ったんです。そうしたら、片方だけが短くなってしまって……。2㌢ぐらいの短い線香にどうやって火をつければいいのか考えたら、急に、おかしさがこみ上げてきたんです。

オレが肩を震わせているものだから、後ろに座っていた根本さんが「ちょっと不謹慎だよ、ちょっと、ちょっと！」と、小声で背中をツンツンと突っついてきました。

その言葉と突っつき方がおもしろくて、思わず噴き出してしまいました。あとは、笑いのループに入ってしまい、最後までニタニタが止まりませんでした。

オレは山田花子さんの漫画が好きだったし、亡くなって寂しい気分もあったんです。残された家族もさぞかしつらいだろうなと思っていましたよ。

オレが葬式で笑うのは、どこか悲しい雰囲気を作り出そうとしている自分自身が、滑稽に思えてたまらないから。制御ができなくなってしまうんですよ。

たしかに、葬式で笑ってしまって、周囲のヒンシュクを買ってきたかもしれません。だからといってはなんですが、オレは、自分の葬式で笑われても文句を言いません。というか、死んでいるから言えません。家族には、オレの葬式で笑っている人がいても、怒ることがないようにしっかり伝えておきます。だから、安心して「よく死んだ」と笑ってください。

「死んだら悲しい」と思う人は、せいぜい2、3人

そもそも、オレは、死に対して関心が薄いのかもしれませんね。死んだらす

べて終わりと思っているオレは、他人だけでなく自分の死にも、正直にいうと興味がありません。

たしかに、残された家族にとって、死は悲しいものですよ。'01年に前の女房が肺高血圧症で亡くなったとき、オレは葬式でずっと泣き通しでした。こんなに涙は出るもんか、と思うくらい泣きました。

松村邦洋さんや柄本明さんなどオレの仕事関係者、編集者、女房の友達などたくさんの人が参列して、女房の死を悲しんでくれましたが、弔問客に頭を下げながら「いちばん悲しいのはオレなんですけど」と思っていました。

前の女房がそうだったように、今のオレにも、「死んだら悲しい」と思う人がいます。たぶん泣いてしまうだろうという人もいますね。とはいえ、人数はせいぜい2、3人くらい。でも、たぶん、ほかの人も、その程度の人数だと思いますよ。

だから、人が死んで悲しくなる機会は、そんなに多くはないはず。誰かが死ぬたびに、涙を流していたら、正直な話、きりがないですよ。感傷的になるのは、たんなる自己満足なんじゃないですかね。

前の女房が亡くなる6年前に、母親を亡くしました。オレは仕事があったので、葬儀には間に合わず、実家のある長崎に到着したのは葬式の翌日でした。

その日、25年ぶりに再会した兄貴と、お袋を拝んだあとに話していました。そして、パチンコの話題になり、流れで「じゃあ、近所のパチンコ店で球を弾こうか」ということになりました。

オレたちが腰を上げかけたときに、オレには姉もいるんですが、その姉貴の旦那が「こんなときにパチンコなんて不謹慎だ！」と怒鳴ってきたんです。

姉の旦那は元警察官で、ずいぶん頭が固い人なんですよ。その人が怒っているのは、たぶん世間体だけのこと。姉貴の旦那は、ちょっとナーバスになりすぎですね。

人には、人それぞれの哀悼の仕方があるんじゃないですか。パチンコを打ちながら、25年ぶりに会った兄と、母親の冥福を祈りつつ球を弾いてもいいと思うんです。周囲に〝ヒンシュク〟だと思われようが、あえて悲しみと逆のことをして、感傷を抑える人だっているんですよね。

孫の面倒を見るのは、女房の機嫌がよくなるから

孫の名前を覚えていない、ということも、オレが〝ヒンシュク〟な人間だということになっている理由みたいですね。

オレには8人の孫がいますが、たしかに全員の名前は覚えていません。最近のキラキラネームとまではいきませんが、漢字が少し難しいですよね。いちいち覚えていられませんよ。

孫は目に入れても痛くない、という人がいますが、正直に言って、それほどのものではありません。たしかに一緒に遊んで楽しいけど、3分で飽きてしま

います。女房と一緒に喫茶店でお茶をしているほうが、よほど楽しいですよ。

そんなオレでも、孫の保育園の送り迎えをちょくちょくしています。孫が近くに住んでいるので、仕事がないときは朝、家まで迎えに行って、4歳と2歳の孫を保育園まで連れていきます。帰りも、用事がなければ、たいていオレが保育園へ迎えにいっています。

送り迎えは大変ですよ。車が行き交う道でも、孫たちは自由奔放に動いて、オレの言うことをまったく聞きません。ピューッて走っていったり、とんでもないところに登ったり、すごく腹が立ちます。とにかくケガをさせないことだけに気を遣って、本当にめんどくさいです。

周囲から見たら、孫思いのおじいちゃんに見られているのかもしれませんね。でも、孫がかわいいからではありません。女房の機嫌がよくなるからです。

今、オレは小遣いを減らされています。そのため競艇をしても、思い切った勝負ができません。でも、孫たちの送り迎えをしていると、女房が枕元や帽子のなかに、こっそり1万円札を1、2枚入れてくれることがあるんですよ。その臨時ボーナスを目当てに、オレは孫たちの送り迎えを続けています。

子ども嫌いなのではなく、子どもに関心がないだけ

どうやら、世間では、オレは子ども嫌いと思われているようです。

かつて、子どもを堕ろすことを否定しないと発言したことがあります。それは、暴力をふるったり、学校で弱い者をいじめたりするような子どもを育ててしまった親に対しての文句です。世間に迷惑をかけても平然としている子どもは、この世に誕生しないほうがいい。子を育てる自信がなかったら、堕胎したほうがいいと思って、そう発言したんです。

そんなことを言っていたから、オレは子どもが嫌いだと思われているのかもしれません。でも、基本的には、子どもになんの感情も湧きません。オレは、

子どもが嫌いなのではなく、そもそも関心がないのです。

自分の子どもにも無関心です。娘が生まれたのは、オレが26歳のとき。女房から妊娠を告げられたとき、正直に言って、嬉しさよりも「どうしよう」という気持ちが大きかったんですよね。

当時のオレの仕事はちり紙交換。子どもが欲しいという気持ちはまったくなくて、エッチしていたら子どもができたという感覚です。父親としての自覚よりも、家族が増えるのだから、もっと金を稼がないといけないということで頭がいっぱい。とても喜ぶような気分ではありませんでした。

その後、オレは漫画家になりたくて家で作品を描いていましたけど、ミルクをあげたり、オムツを替えたりしなくてはいけなくて大変。とくに長女は夜泣きがひどくて、オレもずいぶん腹を立てていました。

それでも、家族を路頭に迷わせるわけにはいきませんから、金を稼ぐためならどんなことでもするつもりでした。だから、子どもの授業参観や運動会に出る余裕はありません。そもそも、子どもが学校でどういう生活をしているか見てみたいという思いにもなりませんでした。

子育ては、すべて女房まかせ。男親のオレが目をくれなくても、子どもは育つものです。今、〝イクメン〟とかいわれて、子育てをする男性が増えているようですね。オレは、どこか嘘くさい気がします。

少年時代、駄菓子屋のおばちゃんのヒンシュクを買う

小さいときのオレは、母親に小遣いをねだっては、5円玉を握りしめて、近所の駄菓子屋に行くのが日課でした。

そこで、1回5円の「あめ玉クジ」を引くんです。糸を引いて大きなアメを引くとアタリ。そのアメがもらえるんです。

でも、オレは、アメが欲しいわけではありません。5円を払って、5円以上のものを手に入れることが目的。少し偉そうですが、小さいときから、ギャンブラーとしてまっとうな考え方をしていたんです。

毎日のように駄菓子屋に通って、そのクジを見ていたから、あるとき、糸に目印がついていることに気がついたんです。たぶん、店の人が「ハズレばかりで、アタリは入っていないの？」と文句を言われたときに「ほら、あるよ」と糸を引いて、証明するためにつけられた「アタリ」の印だったんでしょう。

それを発見してからは、オレは、アタリを連発。いつも大きなアメを取っていました。

でも、いつも当たるものだから、駄菓子屋のおばちゃんに〝ピンシュク〟を買ってしまったようなんです。「目をつぶってクジを引いてくれ」と、オレを〝意地汚ない子ども〟扱いをするようになりました。

不正をせずに、自分で勝つための方法を見つけ出したのに……。今でもあのときの店の人の態度には、釈然としないものがあります。

〝自粛ムード〟には抵抗したい

’85年に日航機が御巣鷹山に墜落したときのこと。オレは、その翌週の週刊誌の連載で、落ちていく飛行機を見ている男性が、バンザイしている四コマ漫画を描きました。

当時のことをマネージャーに話すと「そんな漫画を描くなんて、ヒンシュクですね！」と言います。「炎上して、今だったら、テレビ局も出入り禁止ですよ」とあきれます。

でも、オレが描きたかったのは、人間の心の底にある邪悪なもの。たとえば、スポーツカーの事故現場を見て「格好なんかつけているからだ！」とか「いい気味だ！」と言う人がいますよね。言葉にしなくても、心のなかで、そう考えている人も少なくないはず。そんな誰もが持っている毒気のある感情を表現したかったんです。

今、このような漫画を描いたら、編集者がボツにするでしょう。マネージャーも「ヒンシュクだ！」と必死に、ペンを持っているオレの手を止めてくるでしょうね。なんとなく理由はわかります。

ただ、大事故や多くの人が死ぬ災害が起こると、日本全体が、不謹慎なことをしないようにというムード一色になりますよね。そんな押しつけには、どこか抵抗したい気持ちがないわけではありません。

義理人情なんて、たんなる〝気持ちの貸し借り〟

義理人情に厚い人は、人望があるといいますが、本当ですかね。義理人情は〝気持ちの貸し借り〟ですよ。人の自由をうばうこともあるし、オレにとってすごく苦手なものです。

こんなオレでも、ずっと生きていれば、この人を見捨てるわけにはいかない、というケースが出てきます。

そのときは、しょうがなく助けます。でも、べつに恩に感じてほしくありません。まして、ずっと覚えていられたら、苦痛で仕方ありませんよ。

オレが、その人を助けたのは、義理や人情で動いたわけではありません。たまたま助けたいと思っただけのこと。〝貸し〟を作ったつもりはありません。義理を果たしてもらう必要などありませんよ。

オレが所属している芸能事務所は、前の事務所が分裂してできました。前の事務所には、タレントになるきっかけを作ってくれた柄本明さんがいました。

事務所が分裂したとき、柄本さんは別の事務所に移籍するんですが、義理立てすれば、柄本さんについていくべきかもしれません。

でも、そのとき一緒に仕事をしていたマネージャーが、今の事務所にいたんです。柄本さんについていくべきかすごく迷いましたが、最終的にオレは、自分の考えで、マネージャーにすべてを託すことにしたんです。

義理人情ということからみると、オレの判断は、ヒンシュクなことかもしれませんね。でも、自分で考えて決めることが、オレにとっては重要なことなんです。義理人情なんてめんどくさいだけですよ。

女房が死んですぐ再婚を考えて、何が悪いのか

最高の連れ合いだと思っていた前の女房がなくなった直後、再婚したいと話していました。世間は、オレのことを冷たい人だと思ったでしょうね。

そのときは、生まれ変わっても前の女房と結婚したいと思っていました。家が火事になったら子どもたちを置いてでも、前の女房をかついで逃げようと考えていたほど、前の女房のことを思っていました。でも、死んだ人には二度と会うことはできません。

寂しかったというのもあります。とくに夜寝るときは、すごく孤独に感じま

した。でも、それよりも大きかったのは、生きているオレが、自分の幸せを求めて、なにが悪いのかという気持ちがあったからです。

オレが幸せになるためには、一緒に暮らして、笑ったり、泣いたりしてくれる女性が必要なんですよ。競艇で勝っても負けても、それを話す相手もいない。ひとりでは、とても生きていけませんからね。

〝空気を読む〟ってなんですか？

オレは、空気が読めていない、という人がいます。たしかに、小学生のときのオレは周囲が見えていなかったようで、ずいぶん先生に叱られました。

たとえば、授業中にクラスの人気者が、なにかおもしろいことを言って、教室中を笑わせることがありますよね。そんなとき、オレは、もっとおもしろいことを言ってやろうという気になってしまいます。どうやら楽しい雰囲気になると、ハイテンションになってしまうんです。

そこで、オレがおもしろいことを言おうとしたり、突拍子もない行動をみせたりすると、たちまち担任に叱られてしまうんです。

というのも、人気者が沸かせた教室の空気は、すでに「授業モード」に切り替わっているんです。その雰囲気の変化に気づかずに、よく廊下に立たされていました。

さすがに今は、ギャラをもらって仕事をしているわけですから、その場の空気を読むようにしています。

空気を読むことは、さほど難しいことでありませんよ。その場にいる人のなかで、もっとも権限がある人や、お金を持っている人だけを見ていれば、その場の状況は掴めますからね。会議や打ち合わせなど、大人数が集まったら、そのなかで気を留めるべき人は誰か、見極めればいいだけです。

オレは、タレントとして30年近く、テレビに出ていますが、そもそも空気を読めなければ芸能界では生きていけません。場をわきまえない人はいつの間にか消えていますよ。

ただ、オレの場合、いろいろと空気は読んでいるのに、発言や行動をすると、たちまちヒンシュクだと言われるんです。その理由は、いまいちわかりません。

〝ヒンシュク〟は、自由に生きている証し

オレは、タレントではありますが、これまで天然キャラを演じてきたわけではありません。自分の感情のおもむくままに発言や行動をしてきただけです。

太川陽介さんと一緒にやっていた『ローカル路線バス乗り継ぎの旅』のロケでは、地元の人が薦める名物料理やご当地ものの食事を食べることが少なくありませんでした。でも、それは刺身とか煮魚など海の幸が多かったんですよね。

オレは生魚が苦手なので、どんなに魚介類を名物にしている土地でも、カレ

ーやラーメン、トンカツ定食を注文していました。

番組のスタッフから「魚料理を食べてください」と言われていたら、オレでもしかたなく食べますよ。でも、とくに制約がなかったので、自分の好きなものばかり食べていました。

太川さんは気を遣う人だから、その土地の名物料理をしっかり食べます。そんなシーンが多く放映されたものだから、オレが無神経でヒンシュクなヤツだと思われたのかもしれません。

でも、仕事とはいえ、食事については自由だったので、人にどう思われようが、オレはまったく関係ありません。というか、自由に生きていれば、ヒンシュクは買うものですよ。

ヒンシュクは、自由に生きている証しのようなもの。ヒンシュクは、いくらでも買っていいんです。

蛭子能収の
ゆるゆる人生相談
「生き方」編

Q

両親の介護、独身でいることの不安を考えるとストレスがたまります。友達はママだらけで会っても疲れるだけ。最近は仕事や人間関係にも疲れて。人生って、うまくいかないですね。

バツ一マル子さん（46歳・東京都・不動産業）

人生ですか……、面倒くさい相談ですね。そもそも、人生がうまくいくものだと思っているのが間違いだと思いますよ。仕事でも人間関係でも順調にはいかないもの。うまくいったらもうけものと思っていればいいんですよ。

オレが主演した映画『任侠野郎』は、誰か見た人いるんでしょうか……というくらいの人気のなさでした。「DVDが発売されるから、これからが勝負ですよ」とマネージャーは言いますが、どうでしょうか。映画がヒットするかどうかは、たしかに重圧に感じないこともありません。でも、ヒットしなかったとしても、しょうがないこと。たんにオレの人気がなかっただけなんです。

これから『ネプリーグ』の収録がありますが、教養がないことをさらけ出すわけですから、クイズ番組はプレッシャーがかかります。でも、オレは勉強したり、本を読んだりするつもりはありません。ちょっと恥をかけばすむだけの話。あまり自分を変えないほうがいい。努力なんてストレスになるだけです。

A 「人生はうまくいく」と思っていることが間違い

Q

私は先生と同じく漫画家でした。が、現在は描くのをやめました。うつ病&アルコール依存＋拒食症で、入院もしましたが治りません。先生の自由な生き方に憧れています。

チーママさん(42歳・千葉県・アルバイト)

なんで漫画家をやめたんでしょうね。漫画家は何かにしがみついてでも続けることが必要です。この人は少し粘りがないというか、漫画家に固執することはできなかったんでしょうかね。漫画を描いていると、担当の編集者から批判されたり、描き直しさせられたりすることも。それが嫌で描くことをやめた人もいます。でも、オレは編集者から「こうしたらどうでしょう？」と言われたら、その意見を聞いて直します。漫画家は人の考えを聞くことが重要。編集者から金をもらっているからです。

そもそもオレは自由に生きていませんよ。オレの場合、自由になるためには、金が絶対に必要です。金だけが唯一、オレを自由にしてくれるんです。でも、それを稼ぐためには不自由なことの繰り返しです。仕事なんて、自分の思いどおりにいくものはなくて、嫌だ、嫌だと言いながらやるもの。それに仕事だけじゃなくて、人に縛られて生きているし、女房にもコントロールされています。自由になりたいと思いながら不自由。それでいいんです。

A **自由を望みながらも不自由。人生なんてそんなもの**

Q 仕事ができる慶應大出の後輩に出世レースで抜かれ、合コンでは盛り上げ役ばかりで、恋人はできず、30代半ばで独身です。すべてに自信を失っています。

よったんさん（37歳・千葉県・会社員）

後輩がどこの大学出身とか気にしているんですね。大変ですね、ウフフ。でも、自分に自信を持ったことがないオレに聞きますかね。オレは小学生のときから、自分を低く低く見積もっておくクセがありました。学校や職場でも、そのなかでは容姿も能力もいちばん劣る、と思っていれば、失敗しても「仕方がない」と思えるし、うまくいったときは、すごく褒められるんですよ。

主演した『任侠野郎』の試写会に女房と行ったんです。女房はずっとオレの演技をバカにしていました。たしかにスピード感はないし迫力もない。でも、オレが演技に自信を持っていたとしたら、恥ずかしくて外を出歩けませんよ。自信がないほうがいいときもあるんです。

オレがプライドを持っているのは、しいて言えば漫画かもしれません。最近、めっきり出版社から注文がないと思っていたら、マネージャーが、ギャラも安いし、時間と手間が取られるからって、漫画の仕事が来ても勝手に断っていたんですよ。もう笑っちゃいますよ。

A 自信を持たなければ 自信を失うこともない

Q

大学1年生の息子は、人間関係が難しいからとサークルをやめ、バイトも仕事がつらいから辞めてきました。「若いときの苦労は買ってでもしろ」と言いますが、辛抱が足りないようです。

スモーリーさん（49歳・神奈川県・自営業）

女房から競艇代を減らされているオレは、今、昼メシ代としてもらっている2千円を使わずにコツコツためています。というのも、今度、住之江競艇場で2日間にわたってトークショーがあるんです。仕事の合間に舟券を買う資金を作るために無駄遣いをしていません。この前は、鹿児島空港でマネージャーに700円の「名物焼きそば」をおごってもらいました。そうしてためた金が5万3千円になりました。これでなんとか競艇を楽しめます。

オレは年齢に関係なく、苦労を買う必要はないと思っています。努力したからといって、必ず何か得られるわけでもありません。楽なほうへ楽なほうへ向かっている息子さんは、そんなに間違っていませんよ。『ローカル路線バス乗り継ぎの旅』でも、路線バスがない区間は歩きます。上り坂になると、太川陽介さんはすごい勢いで歩くんです。上り坂など大嫌いです。人生も、下り坂だけあればいいんです。山あり谷ありの人生なんてまっぴらです。

A 人生は、楽なほうへ楽なほうへ向かえばいい

Q

孫のことで相談です。3歳になる孫が近所にいますが、息子の嫁は実家ばかり頼って、なかなか孫と遊ばせてくれません。孫と一緒にいたいけど……。

かなさん（63歳・神奈川県・主婦）

孫は、目に入れても痛くないなんて言うけど、大嘘ですよね。おじいちゃん、おばあちゃんのみんながみんな孫が好きなわけじゃないと思うんです。と言いながらも、最近は近所に住む娘の子どもとよく会っているんですよ。今日も午前中、川べりを一緒に歩いてきました。自分の子どもとは散歩なんかしたこともないのに。本当だったら好きなことをしていたいオレ。でも、今は競艇、麻雀、パチンコ、映画の次くらいに孫といるのは好きなことかも。あっ、その上にカレーライスがあるか……。

ただ、この間、一緒に競艇場に連れて行こうと思ったんですが、さすがに怒られました。もしかしてあなたも、よかれと思ってへんなオモチャを買ったり、甘やかしたりしているんじゃないですか。孫は嫁が育てるものだから、あなたの思いどおりにはなりません。だったらいっそ孫と一緒にいたい、と思わないほうがいいですよ。それよりも自分の趣味を極めて「おもしろいおばあさん」になれば、孫から会いに来てくれると思います。

A 孫のことは、ギャンブル、映画、カレーライスの次に好き

Q 人工授精、体外受精など、150万円近くかけて不妊治療をしましたが、子どもができなくて、悩んでいます。「諦めよう」という夫とは、最近、不仲に……。どうするべきでしょうか？

麻由子さん（37歳・山梨県・会社員）

オレは、はっきり言って、子どもが欲しいとは思いませんでした。まあ、エッチしている間に、生まれてきたから、仕方なく育てたという感じで。「子はかすがい」とかいうけど、その夫婦は、そう言ってごまかしているだけ。子どもがいてもいなくても、夫婦は幸せであるべき。子どもをつくるかどうかで喧嘩するのはへんですよ。

これだから医学の進歩は難しいんです。自然にまかせないで、寿命を延ばしたり、子どもができたりする。不妊治療のことは詳しく知らないけど、オレは150万円を治療にあてるよりも、共通の趣味を楽しんだり、旅行に行ったりして、夫婦で楽しんだほうがいいと思うんです。そのうちにポッコリできちゃうかもしれないし。まあ、大金を払っているから、諦めにくい気持ちもわかりますけどね。

競艇でも、負けが続いたから次のレースで取り返すぞ、と考えるよりも、調子が悪いんだ、と見切りをつけて、パチンコに行ったほうが、結果がよかったことがあります。そんな引き時も大事だと思います。

A 子どもがいてもいなくても夫婦は幸せであるべき

Q

大学2年生の息子がひきこもり、さらには春にアルツハイマー病と診断された母の介護がこれから始まり、落ち込んでしまいそうな気分。蛭子さんの言葉で励まされたいです。

富〜ずさん（45歳・東京都・派遣社員）

オレもよくヘコみます。この前も、福岡の若松競艇場でオレのサイン会に来た人と競艇を楽しむイベントがありましたが、いいところをひとつも見せられず5万円負け。小遣いが減らされているのに……、涙が出るほど落ち込みました。そんな夜は、布団に入ってもなかなか寝つけません。でも、目をつぶって、じっとしています。そうして競艇で負けた悔しさや苦しみを乗り越えてきたんです。

だから、息子や母親のことで、嫌なことがあってもしっかり寝ることだと思いますよ。寝不足だとすべてうまくいかなくなります。大変なときこそ、いつもの日常生活をしっかり守ったほうがいいと思いますよ。つらいことがあったときこそ、寝る、食べる、働く、そして競艇という生きるための動作をやり続けることが大事です。

朝になると、パッと違う世界が広がる気がするじゃないですか。それにしても若松競艇場で4号艇の舟券を買っていればよかったのに……あっ、また涙が出てきました……。

A つらいときこそ日常を大切に生きる

Q

私は飽きっぽくて、すぐ始めたことに飽きてしまいます。ダイエットをしてもすぐに挫折。家計簿をつけようと思っても三日坊主。ど～したら、長続きするのでしょうか？

みきさん（47歳・千葉県・パート）

家計簿やダイエットなんてつまらないもの。長続きできなくてもいいですよ。おもしろくないから飽きているだけで、楽しいことだったら、きっと長く続けられますよ。

オレは、兄貴がハマっていたパチンコがどうしてもやりたくて、小学校低学年のときからパチンコ台を作っていました。初期のころは、設計図もないままノコギリでベニヤ板を切って作ったスマートボールのようなもの。でも、台の上に並んだビー玉が、ボタンひとつで一斉に落ちる仕組みになっていました。高校時代には、タテ型のパチンコ台を作っていました。さすがに球をはじくバネは作れず、輪ゴムをひっかけてはじくタイプ。ポーンと打つと、上からとんとんと下りてきて、穴に入ったら5個くらい球が下から出てくるような本格的なもの。パチンコがやりたかったので何台も作りました。だから、高校の卒業式の当日に、初めてパチンコ店に行ったときはすごく嬉しかったですね。パチンコをやり始めて60年以上たちますが、あの感動を忘れることはできません。

A

長続きしないのは、楽しいことではない証し。続けなくてよし

Q

私の姉が新興宗教に入っています。義母が入院したり、子どもがケガをしたりすると、「入信したら、そんな目に遭わない」と勧誘されます。脱退させたいと思っていますが……。

ヒロちゃんさん（46歳・和歌山県・主婦）

最近、競艇の成績がいいんですよ。この前も大村競艇場で15万円も勝ちました。なんとなくコツが見えてきたんです。それがボートの1、2、5、6号艇を組み合わせる舟券「1256のボックス」買い。ピタリと当たるんです。やっとオレにも運が回ってきたようです。

それで新興宗教ですか、ウフフ……。かわいそうですけど、お姉さんとは関係を絶ったほうがいいですね。新興宗教をやめさせたり、説得したりすることなんか考えずに、しばらく放っておいたほうがいいですね。「私はだまされていた」といつか気づくかもしれませんよ。

オレは新興宗教の誘いはきっぱり断っています。自由に生きるために、あれ読めとか教会に行けとか、強制されるのが嫌だからです。宗教は自分で判断できない人が頼るもの。自分の頭で考えられないなんて、何が楽しいんでしょうかね。そもそもオレは宗教観がありませんし、何かにすがろうと思ったこともありません。オレが信じているのは「1256のボックス」だけです。

A

宗教は、自分の頭で考えられない人が頼るもの

Q

夫は自家用車を3台も持っていながら、先日、ロードスターという車を予約してきました。楽しみは車いじり。家計も苦しいので、自動車の趣味をやめさせたいです。

ビワ子さん（43歳・石川県・主婦）

愚かな人ですね、この夫は。一度、貧乏になって、お金のない苦しみを味わえばわかりますよ。車は便利に目的地に着くことが大事ですから、見栄えなど無関係です。うちも自家用車は、女房も運転するので一応2台持っていますが、小型乗用車のホンダのフィットです。都内を走るのはこれで十分。ベンツなど高い自動車を欲しいと思ったことがありません。自分の気分をよくするために高い車に乗るなどつまらないこと。それにカッコつけて高級車を欲しがった人は、大抵、貧乏になって、その車を手放すハメに。結局、カッコつけると、揚げ句の果てにカッコ悪くなるものですよ。

そういえば、オレが運転するロケが多かった旅番組『そうだ、旅（どっか）に行こう。』（テレビ東京系）からの仕事が最近来ないですね。もう飽きられたのかな。それとも（よく共演する）具志堅用高さんに、仕事を奪われたのかな。あの人はオレが唯一「この人は頼りにならない」と思える人なのに、案外、腹黒かったりして。油断できないですよ、芸能界は。

A カッコつけると貧乏になって結局、カッコ悪くなる

Q

ディズニーシーに彼女と行ったとき、オレがビールを飲みながらのんびりしていたら、次々とアトラクションに乗りたがる彼女がキレちゃって……。ボーッとする大切さをわからせてやりたい！

壮ちゃんさん（21歳・静岡県・フリーター）

彼女が乗りたいというのならつき合ってあげるべきですね。オレは、女房が大好きな神社仏閣巡りにもきちんとつき合っています。それで男女がうまくいくんです。そのかわり、オレだけの休日は、ギャンブル三昧で、分刻みのスケジュール。空き時間もありません。

そもそもオレは、空き時間が好きではありません。オレが賭け麻雀で逮捕されたのも、娘と食事の約束をしていたけど、待ち合わせまで少し時間が余ったから。それで雀荘に入ったんです。この間も、渋谷で仕事をしているときに、30分だけ時間が空いたからパチンコ店に行ったんです。そしたら大当たり。次の仕事の時間が来たけど、その大当たりの連チャンが止まらないんです。困って女性従業員に聞いたら「まだどんどん出るから、負けている人に席を譲ったら」と。もう諦めて店を出るしかありませんでした。ギャンブルは、空き時間などにハンパな気持ちでやるものではないと。仕事ならともかく、休みの日は、ボーッとする日ではないと思います。

A **休みの日こそ分刻みのスケジュール**

Q

ファミレスやレストランでもメニューを決めるのに時間がかかります。とくに旅先だと悩んでしまい、友達からヒンシュクを買っています。優柔不断な性格をどうにかしたい！

ゆゆか～さん（31歳・埼玉県・OL）

オレは、メニューを決めるのに時間をかけませんね。「ロイヤルホスト」ならミックスグリルしか食べないし、食堂でもカレーかラーメンかカツ丼を選びます。食べ物に興味がないんです。アナタは食事に関心があるようだから、べつに時間をかけたっていいんじゃないですかね。好きなことで悩むのは優柔不断とはいわないと思います。そんなことで眉をひそめる友達なんていりませんよ。

とはいえ、最近のオレは競艇でも時間をかけずに舟券を買ってしまいます。昔は、西田靖選手や今村豊選手などが好きで、彼らが出るレースは、じっくり予想していました。今は何も考えずに数字の出目だけ。選手など考慮しないで、本命が来やすい「1」「2」枠、大穴の可能性が高い「5」「6」枠。これらの数字の組み合わせだけで選んでいます。しかも、この前は、同じ舟券をダブって買ってしまい……。当たれば2倍ですが、当然ながら勝てませんでした。軍資金を女房に絞られている今、もう少し慎重に予想したほうがいいかもしれませんね。

A

好きなことだからこそ悩む。〝優柔不断〟の何が悪いの？

Q

長男（35歳・介護士）は、周囲の友達がどんどん結婚しているのに、結婚相談所のお世話になっても、2人の女性に断られてしまい、私自身すごく落ち込んでいます。どうしたらいい？

ヒロミさん（64歳・神奈川県・主婦）

結婚がうまくいくかどうかなんて、競艇で負けるくらいの確率だと思いますよ。オレは競艇で90パーセントくらいは負けていますが、たぶん、離婚しないけど〝結婚は失敗だったな〟と思っている人も9割くらいはいると思うんです。そう考えれば、子どもが結婚できないからって落ち込む必要はありません。きっと、息子さんはモテる顔じゃないと思うんですよね。でも、介護の仕事をしっかりしていれば「マジメだね」と評判になるし、年齢を重ねたら〝味〟が出てくると思うんですよ。焦って結婚相談所に行くよりも、受け入れてくれる女性が出てくるまで待っていたほうがいいですよ。

それにオレの場合は、競艇に行く前は、すごく楽しいんですよ。ワクワクするし、勝てる気がするんです。でも、実際、競艇場から帰るときは必ず負けていて「なんで？」と泣きそうになっているんです。それと一緒で、結婚する前は、すごくワクワクしているはず。その気持ちをずっと持っていられるのなら、悪いことでもないと思いますよ。

A

結婚は、競艇と同じくらい高い確率で負けるもの

Q

涙もろくて困っています。娘の結婚が控えていますが、結納のときにも大泣きしてしまい……。式でも大声を出して泣いてしまうかと心配です。どうしたら気丈な〝花嫁の父〟になれる？

富士山麓のオウムさん（55歳・山梨県・会社員）

この2カ月ばかり仕事以外では競艇場に行っていません。オレのほうが悲しいですよ。オレは娘が結婚したときも、なんの感情も湧きませんでした。だから結婚くらいで泣く気持ちはわかりません。でも、式場で泣くことは問題ではありませんよね。泣いても感情が豊かな人だと思われるだけですよ。人前で思いっきり涙を流すのが嫌だったら、そもそも結婚式に出なければいいだけです。

オレの場合は、笑ってはいけないところで、クスクス笑ってしまう癖があります。葬式でも、みんなが悲しそうにしているのを見ると、なぜかおかしくなってしまうんです。前までは、悲しい席で笑いそうになったときは、せきやクシャミが出たふりをしてごまかしていましたが、絶対にバレます。そういえば、最近、いろんな人が亡くなっていますけど、とうとう通夜や告別式の案内状も来なくなりました。涙もろいのも、笑ってはいけない場所で笑ってしまうのも個性だと思えば、それをわざわざ直すことはないんじゃないですか。

A

最近はとうとう葬式の案内状が来なくなった

Q

セカンドライフは夫婦で岡山県の田舎に移住を考えていました。ちょうどいい古民家が見つかったので、妻に話したら「本気だったの?」と……。なんとか妻を説得したいのですが。

ラララッキーさん（62歳・大阪府・会社員）

どうしたら競艇に勝てるか、ずっと考えています。仕事中も、頭の中は競艇のことだけ……。というのも、小遣いを月3万円から8千円に減らされてしまいました。オレの必勝法は「１２５６」のボックス買い。でも、100円ずつ買ったとしても1レースで2千600円もかかってしまうんです。女房に小遣いを下げられたばかりのオレに、妻の説得方法などわかるわけがありません。

奥さんが嫌だというのなら、説き伏せようとすること自体、間違い。奥さんの言うとおりにしているのが家庭円満の秘訣です。女は怒ると手がつけられませんからね。

小池百合子都知事も迫力がありますよね。女性都知事じゃなかったら豊洲市場の土壌汚染も問題にならなかったかもしれませんよ。そもそも東京都は汚染された土地を買ったようですが、その土地を買ったのも売ったのもたぶん男ですね。男は土壌がいくら汚染されていようが、適当に何かかぶせておけばいいと思うもの。オレだってそうします。それが許せない女性には勝てませんよ。

A 奥さんを説き伏せようと考えること自体、間違い

Q

最近、52歳の夫がキレやすくて困っています。私だけならまだしも、この前は、電車で、席を詰めない若い女性にキレていました。男の人は、年をとるとキレやすくなるのですか?

サンタマリアさん（49歳・東京都・主婦）

オレも満員電車に乗っているときに、スマホをいじっている人に「ここで、それ見たいかな」と邪魔に思うことも。でも、オレは口にしませんよ。相手が怒ってくるのが怖いし、電車を降りれば終わりですから。それよりも満員状態で体がよじれている自分を楽しんで、そこだけくりぬいた自分の姿を想像してニタニタしています。

この夫がキレるのは想像力がないからです。その相手とケンカになったり、殺されてしまうことも。そんな夫は事件を起こしやすいから注意したほうがいいですよ。

そんなオレでも30歳くらいのとき、ファミリーレストランでサラダが来なくてウエートレスを怒鳴ったことがあります。でも、最近は仕事ぶりよりも、おばさんなのにミニスカートをはいていたり、妙に明るい接客をする人を見ると、〝旦那が死んで働いているのかな〟とか〝子どもになんて言われているのかな〟と妄想を膨らませています。キレる材料を探すよりも、楽しみを見つけたほうがいいと思いますよ。

A キレる材料を探すより楽しむ糸口を探せ

Q 娘から「もう年だから、運転免許証を返納して」と。孫からも「事故を起こしてからじゃ遅い」と言われる始末だが、私はまだまだ大丈夫かと。やはり返すべきだろうか？

匿名希望さん（78歳・群馬県・無職）

オレも最近、視野が狭くなっている気がして運転が怖くなってきました。交差点でもたついてしまうし、カーブもスムーズに曲がれません。女房や娘によく叱られるんです。しかも、これまでホンダのフィットを2台持っていましたが、1台を大きめのトヨタのレクサスに替えたんです。操作方法も複雑だし、小さめフィットと感覚が違うんです。「下手、下手」と女房にすごく怒られるので、レクサスにはもう乗りたくありません。

オレは、運転が怖いなと思っているうちに免許を返納します。老人の交通事故は「オレは大丈夫」と思い込んでしまった人が起こすもの。あなたがなんともないと感じているのなら、すぐに返したほうがいいですよ。そういえば、このところ物忘れもひどいんです。女房に「同じこと言わないで！」と怒られてばっかり。仕事の内容を何度も確認するからマネージャーも不機嫌です。でも、競艇だけは別。選手の名前は覚えているんですよね。それに競艇場には怒る人がいないからホッとできるんです。

A 「オレは大丈夫」と思っている老人は、運転免許証を返すべき

Q

橋田壽賀子さんが「日本で安楽死できないなら、スイスに行って安楽死したい」と手記を書いていました。私も橋田さんと同じ意見です。蛭子さんにとって理想の死に方は？

アサリ花子さん（65歳・岐阜県・無職）

死なないために生きてきたオレですが、最近、死について聞かれるんですよね。たしかに安楽死は理想的な死に方かもしれませんが、そううまくいかないですよね。このごろは、ショック死もいいなと思うようになりました。映画『麻雀放浪記』で役満（点数が高い役）を上がった衝撃で死んでしまった〝出目徳〟という男がいましたけど、ちょっと憧れますね。

あとどうせなら、オレが大好きな平和島競艇場でショック死するのもいいですかね。なんとなく〝平和な感じ〟がするし。オレの最高配当金は81万円ですから、せめて100万円ぐらい当てて、その喜びを感じながら、苦しまずに旅立つのもいいですね。手には舟券を握りしめたままで。でも、こんな死に方したら、人に笑われますかね……。まあ、どうでもいいか。

ただ、エンディングノートとか、死んでいく準備をする人がいますが、なんの意味があるんですかね。どうせ死んだらすべて終わりですよ。

A どうせ死んだらすべて終わり。死に方なんてどうでもいい

Q

わが家の墓は、実家がある岐阜にあるので、年に一度くらいしか墓参りできません。母が墓守りをしていますが、いずれは墓参りができなくなるのでは……。どうすればいい？

三つ星さん（50歳・東京都・デザイナー）

人の墓なんか知りませんよ。オレの家の墓は、長崎から所沢の霊園に移しましたけど、きょうだいから「金があるなら持って行ってよ」と言われて仕方なくしたこと。月に一度は墓参りしていますが、正直、面倒くさいです。

そもそも墓を建てる風習なんてやめてしまえばいいと思っています。だって、今生きている人も、いずれは死んでいくんですよね。そうしたら墓をつくる場所は、どんどん足りなくなっていくんじゃないですか。日本中が墓だらけになっちゃいますよ、ウヘヘヘ……。

先祖を大事にする気持ちもわかります。でも、わざわざ家から離れたところに墓を建てる必要があるんですかね。紙に名前を書いて部屋に貼っておけばいいですよ。とはいえ、オレも死んだら、所沢の墓に入るんでしょうね。子どもたちは墓参りに来ると思うけど、孫は来ませんよ。オレは孫と遊んでも3分で飽きて嫌になります。孫たちも、オレのことなんかなんとも思っていないはず。もう墓なんていりませんよ。

A

墓なんか、紙に名前を書いたものを部屋に貼っておくだけで十分

Q

バカにされたり、笑われることが平気な小2の息子。教室でウケると図に乗って、いつも先生に叱られています。このまま笑われることをなんとも思わない大人になりそうで心配です。

ゆっちママさん(41歳・栃木県・パート)

これはまったく問題ありませんね。ひょうきんな子どもで人気者なんでしょう。オレも、あなたの息子のように、人に笑われるのが好きな小学生でした。授業中でも、オレがなんか言ったりするとウケたりして。それで調子に乗ってしまい、最後には、先生に廊下に立たされていました。今でも笑われることをなんとも思っていません。それどころか、笑われることが好きですね。いじめとかでないかぎり、相手が笑ってくれると、こっちも楽しくなりますからね。だから、笑われたというよりも、笑ってくれていると、思えばいいんですよ。

今は、人に笑われることが難しいですよ。この前も、松本伊代さんと早見優さんが、線路の中に立ち入ったことで謝罪していました。たしかに、あの人たちがやったことはマズいことかもしれないけど、あそこまでたたかれることですかね。あら探ししている人たちがいっぱいいるから、笑われるか炎上するかは紙一重。実はオレも、人に笑ってもらうために気を遣っているんですよ。

A 「笑われた」と思うより「笑ってくれた」と思えばいい

「笑われる」心得2

〝きれいごと〟は疑おう。

きれいなものの裏にはなにかある

オレの女房は、神社仏閣を巡るのが趣味です。休みのときは、オレは競艇場に入り浸っていたいのですが、女房の趣味につき合うようにしています。神社や寺には、まったく関心がありませんが、女房の言うとおりにしていれば、次回の休みは、競艇に行くことを許してくれるからです。

きれいな神社や寺に行きましたが、オレは心動かされることがまずありません。壮大で美しいと感じますが、でも、待てよ、という気持ちがあります。

というのも、女房は、自分があるのは神社や寺のおかげと言って賽銭をあげています。そんなお金で建てられたと思うと、古刹や有名なお宮でも、なんだか色あせて見えてしまうからです。

外国の遺跡を見ると、もっと、複雑な気持ちになります。仕事であちこち海外に行きましたが、ローマ時代の遺跡や中国の万里の長城、エジプトのピラミッドを見ても、さほど感動はありません。デカいなとは思うけど、石を積み上げているだけです。

あれだけの巨大な建造物を造ったということは、絶大な権力者が命令して、大勢の人を奴隷にして、造らせたわけですよね。

その建設中には、石の下敷きになったり、高い所から落ちたりして、たくさんの人が死んでいるはずですよ。体を酷使してケガや病気になった人もいっぱいいだったでしょう。

今、ブラック企業とかいわれていますが、遺跡などは、ブラックな環境で造られたもの。手放しで賛美していいんですかね。

コハダは本当においしいか？

オレは漁師の息子ですが、魚介類が苦手です。生まれ育ったのは漁師町だったから、小さいときの食卓には、いつも焼き魚や煮魚が並びました。でも、まったく好きになれませんでしたね。

とにかく魚の生臭さが嫌いです。とくに生の魚には虫酸が走ります。だから刺身を「オイシイ、オイシイ」と食べている人が、とても信じられません。

旅番組のロケではディレクターに指示されて、アジとかイワシとか、いろんな生の魚を食べさせられました。

でも、刺身なんて、どれも味は一緒。魚の種類によってそれぞれ味の違いがあるとは思えないんですよね。

結局、刺身というのは醬油の味を楽しんでいるだけなんですよ。だって醬油の味しかしませんからね。

あと、魚の見た目もダメですね。マグロやサーモンなど、切り身になっていれば、無理してなんとか食べられます。でも皮が残っている魚は、あまりに生々しくて、口に入れたくありません。

とくに「ツウ」の人が好きだというコハダは、ウロコが銀色にギラギラ光って、とても食べ物とは思えません。

コハダを食べると「粋な人」と言われると聞きましたが、本当ですかね。コハダが食べたいのではなくて、周りに「ツウだな」と思われたいから、という人も少なくないと思いますよ。

あとウナギも、自分から食べたいと思ったことがありません。以前、ウナギの産地を旅する番組で、饅重を食べさせられましたが、見た目も味も、二度と口にしたくないと思いました。あんなものを食べて、夏バテ防止になるなんて到底考えられません。スタミナ食だと言いますが、そこまでして栄養など摂りたくないですよ。

無粋だと言われようが、いくら流行《はや》っていると言われようが、体にいいといわれようが、食べたくないものを、我慢して食べたいとは思いません。

凝れば凝るほどカレーライスはまずくなる

女房の連れ子が結婚して、オレが住んでいるマンションの近所にいます。最近は、女房が孫に会いたいからと、夫婦でその娘の家に行って食事をすることが多いんです。

娘の料理を食べるようになった最初のころ、カレーライスが出て、すごくおいしかったから、めちゃくちゃ褒めたんですよ。

オレはカレーライスが大好きです。カレーライスは、どこで食べても似たような味ですが、微妙に違うんですよね。

貧しい環境で育ったオレにとって、母親が作るカレーライスが一番のごちそうでした。一度にたくさん作るから、3、4日くらいは夕食にカレーライスが続いても、毎回「ヤッター」と喜んでいたほどです。

でも、よその家で食べるカレーは、好きではなかったんですよ。親戚の家に遊びに行くと、「ヨッチャンの大好きなカレーだよ」と出されるんですが、まったく嬉しくなかったです。母親が作るカレーライスと同じカレー粉を使っているのにマズいんですよ。

あと、オレの舌が覚えているのは、死んだ前の女房が作ったカレーライス。とくにオレが描いた「パチンコ」という作品が、前衛の漫画雑誌『ガロ』の入選作に選ばれたときに、奮発して豚コマ50《グラム》を入れて作ってくれたカレーライスは、今までの人生で、一番おいしかったです。

娘が作ってくれたカレーライスは、トマトをふんだんに使ったようです。母親や前の女房の味とはひと味違うけど、とてもウマかったんですよね。だからすごく絶賛したんです。

でも、あまり褒めちぎったものだから、それから娘が凝りはじめてしまったんです。

カレーを作るたびに、食べに来てと言われるんですが、どんどん味が変わっていくんです。スパイスにこだわったり、ご飯を黄色くしたり……。あまりに肩に力が入りすぎて、味が変わっていくんですよ。

最近は、娘から「今日はカレーだから来てよ」と誘われることがあるんですが、あまり乗り気がしません……。褒めるって、ホント難しいですよ。

「がんばれ」はテキトーな言葉

競艇場にいると、「おっ蛭子さん、競艇、がんばってよ」と、よく声をかけられます。テキトーに「はい、はい」と答えていますが、オレが予想して、自分の金で舟券を買っているのに、なんで他人から「がんばれ」と言われなければいけないのか、いまいち理解できません。

予想するときに、がんばって知恵を絞れと言うことでしょうかね。それなら、よけいなお世話です。どんなに知力を尽くしても、そう簡単には競艇で勝つことはできません。

競艇場ではなくても、人はよく他人に「がんばれ」と言いますよね。仕事や人生で悩みをもっている人に対しても「がんばれよ」とか声をかけます。

でも、この「がんばれ」と、競艇場でオレがかけられる「がんばれ」は、そんなに違いがあるとは思えません。

それで元気づけられる人もいるでしょうが、「がんばれ」という人は、本当に親身になって言っているわけではなく、ふさわしい言葉が見つからないから、そう口走っているだけですよ。

なぜ、そう思うかというと、オレは人生相談をしていますが、だいたいにして相談してくる相手について親身になって考えたことがないからです。というか、どんな人でも、相手の身になることはできませんよ。

人は、他人の気持ちなんてわからないもの。だからほかの人の人生は、本気で考えられるわけがありません。「がんばれ」と言っておけばいいや、というぐらいのテキトーな感覚だと思いますよ。

競艇では、オレの判断で、勝ちそうな舟券があるのに、それには目もくれず大穴を狙います。それで負けても、オレ自身の責任です。仕事や人生など、どんなことも自分の考えで実行して、その結果には、自分が責任をとるんですよね。そこに他人の言うことは、あまり関係ありませんよね。

人から「がんばれ」と言われたら、重く受け取らないで「はい、はい」と、いい加減に答えればいいんです。

仕事には〝生きがい〟なんてない

70歳になった今でも、オレは働いていますが、これまで「この仕事をやってよかった」と思ったことがありません。

世の中には、いろんな職業がありますが、そもそも「この仕事をやってよかった」と心の底から思っている人は本当にいるんですかね。とりあえず食えるからいいや、という感じだと思いますよ。

オレは、小さいときから「働かざる者食うべからず」と言われて育ちました。高校卒業後も、当然のように仕事に就きました。長崎の看板屋で5年間働いたあと、23歳で東京に出てきてからも、測量のアルバイト、ちり紙交換、ダスキンの営業などをして働いてきました。これらは全部、やりたくない仕事でした。

33歳のときに、憧れだった漫画家になりました。漫画を描く仕事は、それなりに充実感がありました。でも、漫画家になって30年以上たっていますが、いまだに漫画の稼ぎだけで暮らしていくことはできません。生活のほとんどはテレビのギャラで成り立っている状況です。

そんな芸能界の仕事でも、現場では嫌なことをたくさんさせられます。

でも、オレはそれらすべてを仕方のないことだと諦めています。それは、仕事とは嫌なことをするものだ、と思っているからです。

オレが働きだしたのは、高校2年生のときです。その当時、女性には夜勤の仕事をなるべくさせないようにする決まりがあり、オレは、夜6時過ぎから、バスの車掌のアルバイトをしていました。

「次は〇〇〜、次は〇〇〜です。お降りの方はいますか?」と乗客に尋ねたり、「次、停まります」と運転手に伝えたりするんですが、大声を出さないといけません。

最初のうちは、すごく恥ずかしかったんですが、すぐに慣れました。見ず知らずの人と話すことは、それほど嫌いではないんです。

車掌の仕事は、最後に事務所に戻って、客から集めた運賃とキップの枚数が合うかどうか計算します。この計算が毎日、絶対に合わないんです。

オレが多めにお釣りを渡したか、運賃を多めに受け取ったかわかりませんが、収支が合ったためしがありません。

この作業が、オレにとってはすごく苦痛でした。毎回、気をつけて客から金を受け取っているのに、なんで合わないんだろうと、すごく悩んでいました。収支が多少違っていても、最終的には、いつもＯＫなんですが、この仕事は、オレには向いていないなと思っていたんです。

でも、そのころのオレは映画を観るのが好きだったんです。とくに映画『砂の女』を見てから、勅使河原宏監督を尊敬していました。

あと、高校の美術部ではグラフィックデザインの勉強をしていて、横尾忠則さんの作品に衝撃を受けてから、その色使いを真似したいなと思っていました。

映画を観るのも、画材を買うのも金がかかります。車掌のアルバイトは、あくまでも、その金を稼ぐ手段。自分がしたいことをするためには、嫌なことをするのが当たり前と割り切ったんです。そう考えたら、計算の作業も苦ではなくなったんです。

仕事は、やりたくないもので、嫌なことがあるのが当たり前。それを「楽しい」とか「生きがいだ」という人の気持ちがわかりません。

〝個性〟は伸ばせない

オレは、いつの間にか、テレビタレントになっていました。でも、いまでもテレビ番組に出られているのが、不思議でなりません。

タレントとして、テレビに出るようになって、30年くらいになりますが、いまでも緊張します。旅番組のレポートでも、しどろもどろになって満足にこなせたことがありません。バラエティ番組でも、なにか振られると気が動転して頭の中が真っ白になってしまいます。その結果、カメラの前では、いつもブスッとしてしまいます。トーク番組になると、ガチガチになって、最後まで言いたいことを言えないまま。収録が終わってから落ち込むことも。まあ、寝れば忘れてしまう程度ですが。

ありがたいことに、それでもテレビ局はオレを使ってくれます。オレのバカ正直な発言や表情、あたふたしている様子を「個性的だ」と言ってくれるディレクターもいます。「キャラがある」とも言われています。

オレにとって、それらは自分の「個性」でもなんでもありません。どちらかというと、自分の性格では気にしている部分。本当はテレビカメラの前で、笑顔を絶やさないで、気の利いたコメントを言いたいんです。ときには、政治について鋭い意見を言って「なかなかいいこと言うな」と思われてみたいんです。

自分では、気にしている部分を持ち上げられて「蛭子さんは個性的だ」と言われると、最初は、褒められているようで、ニヤニヤしていたこともあります。よく考えてみると、オレ自身が、ウマくやっているわけではないので、笑うのもへんですよね。

褒める言葉がないから、オレのことを「個性的だ」と言っておけばいいと思っているのでしょう。「個性的」とは、そんな意味があると思っています。

そもそも個性というのは、本当によくわかりません。「もっと個性を出して」と言われると、混乱してしまいますよ。

たとえば、競艇選手には、どんな枠にいても、インコースを取りにいく選手や大きなレースに強い選手など、個性がある選手がいました。でも、それは選手本人が「これが自分の個性だ」と言っているわけではなくて、オレが勝手に判断したり、ファンが感じていることだったりしますよね。

そう思うと、個性というのは、他人が見て判断することだと思うんです。自分で個性だと思っている部分を前面に出しても、人はそれを受け取ってくれるかどうかはわかりません。個性をアピールするなんて意味があるんですかね。

「成功」ってなんですか?

人生相談をしていると「成功の秘訣はなんですか」、「いつか成功したい」という相談が多いんですよ。オレに、人生の成功を聞く時点で、その人は方向を見誤っていると思って、いい加減に答えています。

みんなが求める成功は、単純にいえば金持ちになることです。でも、生まれてから金に苦労しない生活をするためには、よほどの資産家の親がいないとできませんよね。

そんな家に育ったのでなければ、金を稼ぐしかありません。金持ちになるためには、働けばいいだけですよ。

働くときに意識していることは、自分で前に出ないようすることです。「出る杭」になると、周りから反発を食らって打たれるだけ。なるべく「出ない杭」になるように気をつけて仕事してきたつもりです。おとなしくしていれば、いずれ誰かが引き上げてくれると思っているんです。

たぶん「出る杭」よりも、「出ない杭」のほうが、世に出る確率は高いと思いますよ。芸能界でも、自分の実力とか状況を考えずに、「出た杭」になってしまう人は、スーッと消えている気がしますから。

たしかに、「出ない杭」になって、黙っているわけですから、誰も引き上げてくれない可能性がありますよね。でも、そのときは、しょうがないと諦めるべきです。

それを受け入れずに、今度は前に出ようとすると、みっともないだけ。むしろそのために周囲から批判されたり、嫌われたりすることもあります。

というよりも、成功したいという人は、自分がいったい何をやりたいのか、はっきりさせたほうがいいと思いますけどね。

オレは、成功しているかどうかわかりません。収入が多いとかではなくて、自分の稼いだ金で、競艇場やパチンコ店、映画館など、自由に行くことができれば、人生の目標はほぼ達成できたと思っていますよ。

成功したいという人のなかには、他人から称賛されたいという気持ちがあるんでしょうけど、人からどう思われるかなんて、考えても無駄ですよ。

信じられるのは自分のアタマで考えたことだけ

タレント、漫画家として仕事をしてきましたが、どちらも安定した職業ではありません。だから、若いときから先のことを考えたことがありません。将来を見通して生きていたら、「何歳まで仕事できるやろか」「老後はどうしようか」などと不安な気分になります。でも、それよりも「今日一日がんばればいい」と、目の前のことを考えたほうがいいと思ってきました。

そういえば、オレは過去も振り返りません。後悔したり、ウジウジしたりした経験がありません。これまで失敗や嫌なことがたくさんありました。でも反省はしていません。というか、一晩ぐっすり寝てしまえば忘れてしまいます。

そもそも、予測できない将来のことや、今となってはどうしようもできない過去について、悩んだりするのは無意味ですよ。

オレが信じているのは、今の自分だけ。そのときに、自分が感じていることが重要だと思っています。

オレは新興宗教が嫌いです。入信する人の気持ちがわかりません。というのも、宗教は、自分で考えて、判断できない人が入るものだと思っています。とくに、新興宗教に入信したり、霊感商法などにだまされたりする人は、将来や過去について考えすぎて、思考停止になっているんだと思います。そういう人をだまして、お金を集めるのが嫌なんですよね。

たとえば、競艇場には必ず予想屋さんがいます。100円を渡せば、過去の戦績やその日の選手の調子から、勝ちそうな選手を教えてくれます。オレも迷ったときに、予想屋さんの意見を参考にすることがありますが、最終的には自分を信じて舟券を買います。だから、負けても充実しているんです。

予想屋さんは、宗教と同じです。その意見を参考にするのはいいけど、最後は自分のアタマで考えたほうがいいですよ。

蛭子能収の
ゆるゆる人生相談

「人間関係」編

Q

夫の友人は義理堅い方で、お中元を毎年贈ってくれます。でも正直、お返しが面倒です。やり取りをやめたら楽ですが、それを相手に言うのも難しい。何か妙案を。

和三盆さん(65歳・大分県・無職)

A

義理人情なんてたんなる〝貸し借り〟

オレが出ている映画『任侠野郎』は義理人情に厚い男の話です。でもオレは、義理とか人情に縛られたら、自由がなくて嫌だなと思いながら演じていました。はっきり言って、義理なんてたんなる貸し借り。面倒くさいですよね。それでも、ずっと生きていれば、どうしても人を助けなければならない場面があると思うんです。でも、そのときは「ちぇっ」と言いながら助けます。義理とか貸し借りとか感じてもらいたくありませんからね。

お中元やお歳暮は、何か魂胆がある嫌な習慣です。オレの家にも、シーズンになると贈答品が届いていましたが、一切、オレからは何も贈らなかったんです。ここ数年はすっかり来なくなりました。面倒だと思うのなら、やり取りをやめればいいだけですよ。しばらくしたらお中元なんて来なくなりますから。

そういうオレでも、年賀状だけは別。でも今年は忙しかったから、あと100枚くらい出していないんです。この週末に書こうとかと……今、何月でしたっけ……6月?

Q

ゴミの出し方や回覧板を回すのが遅れただけでもガミガミ言う近所のおじさん。すぐに「市会議員に知り合いがいる」とか「町会長は幼馴染みだ」と。どう接すればいい？

熟成おニクさん（51歳・秋田県・主婦）

なにかとエラい人の名前を出すなんて、面倒くさい人ですね。まるで森友学園の籠池（泰典・前理事長）さんみたい。総理大臣と知り合いだと言いふらして、お金もないのに学校をつくっちゃう。そんなやっかいな籠池さんが家の近くに住んでいたら嫌ですね、フフフ……。

立場が上の人の名前を出せば、みんなが言うことを聞くと思っている人は悲しい人です。あと「オレは誰誰と友達だ」と、自分までエラいと勘違いしてしまう人がいますが、とても恥ずかしいこと。そのおじさんとは、かわいそうな人だなと思って接すればいいんですよ。

オレの知り合いでも、彼女ができるたびに、デートしているレストランに呼び出してきて、「オレは蛭子を知っているんだ」というアピールをする人がいます。そんな人に限って、飲食代はオレに支払わせます。自分は100万円以上もするロレックスをしているのに……。オレはセコい人は苦手ですが、セコい人も姑息な人もいるのが世の中。そういうものだと思ったほうがいいですよ。

A

「誰誰の知り合い」という自慢をする人は〝悲しい人〟

Q

職場の同僚に、思ったことをズバズバ言っては気まずい雰囲気になり、あとで自己嫌悪に。天然の発言で人を不愉快にさせる蛭子さんは、反省することはないのですか?

シュークリーム姉貴さん(45歳・石川県・契約社員)

確かに、オレのちょっとした一言で、相手が気分を害してしまうことがあります。でも、人を怒らせないように意識しすぎると、無難な話でつまらなくなってしまいます。おもしろくなるなら、相手が不快な気分になったとしても、なんでも正直に話すようにしています。オレの発言は〝天然〟ではなくて、実は、計算したうえでの正直な発言なんです。あまり反省したことはありません。

正直な発言といえば、飯塚市の市長が賭け麻雀をして「みんなやっている」みたいに言ってたたかれましたよね。仕事中に遊んでいたことは問題ですが、正直すぎるだけで悪い人じゃないなと思いますよ。オレは賭け麻雀で逮捕されてからはノーレートの「健康麻雀」だけ。でも正直、多少金を賭けたほうがおもしろいんですよね。

オレが逮捕されたあとの謝罪会見で「もうギャンブルは二度とやりません。賭けてもいいです」と言って記者にあきれられましたが、実は、ウケるかな、と思ってのこと。ヒンシュクでしたけどね……。

A もうギャンブルはやりません。賭けてもいいです

Q

バイト先のピザ店で年下の高校生が、大学生のオレにタメ口を利いてきます。バイトでも上下関係はあるはず。そいつに「ちゃんと敬語で話せ」と言ったほうがいいでしょうか？

ポケって君さん(21歳・東京都・学生)

明日は北九州市の若松競艇場でイベントの仕事です。その合間に舟券が買えますが、女房に小遣いを減らされ軍資金が少ないのが難題。それに比べたらどうでもいい相談ですね。

敬語で話さない高校生よりも、それに腹を立てているあなた自身の問題だと思いますよ。そんな小さなことでも気になるのなら「オレ、年上なんやから、タメ口で話すなよ」と笑って言えばいいんじゃないですかね。

プライドを傷つけられると、些細なことでいら立つもの。学歴コンプレックスがあるオレは、担当編集者が東大出身というだけで鬱憤がたまり、マンガの中で、その編集者をひどいやり方で殺しまくっていました。というか、日常の「怒り」や「不満」を作品にぶつけていましたね。最近のオレは守りに入っていますね。小遣いが少ないという不満があるのに……そうだ！　仕事先からもらった北九州までの航空券を払い戻して電車で行けば、ちょっと金が浮きます。これで3、4レースは勝負できますね、ウヘッ！

A

許せないヤツは漫画に描いて殺せばいい

Q

この春に大学生になった息子は、コミュニケーション能力がないようです。相談できる友達もいないし、学校も欠席しがち。このままではニートに。どうしたらいいのでしょうか?

赤いイナズマさん(52歳・宮城県・会社員)

放っておけばいいんです。本人がなんとかしますよ。そもそもオレにコミュニケーション能力について聞きますかね。違う人に相談したほうがいいですよ。

オレは芸能界にも親しい人がいません。TBSの特番『オールスター感謝祭』の休憩時間に、料理がふるまわれて出演者が楽しそうに会話しながら食べますけど、オレはいつも一人。黙々と食べている姿がテレビで流されるのは嫌ですが、オレと会話してもつまらないですから。

ちょっと前ですが、タレントの鈴木奈々さんから「平和島でロケが終わったんです」と電話があったことがありました。オレも偶然、平和島競艇場にいましたから「じゃあ、一緒にお茶でも……」と誘えばよかったんですが、競艇に集中したかったんです。それ以来、彼女から連絡がありません。今度『オールスター感謝祭』の収録がありますが、もしあのとき大人の対応をしてお茶でも飲んでいたら、休憩時間に鈴木奈々さんと話すこともできたかもしれませんね。まあ、どうでもいいですけど。

A 鈴木奈々さんより競艇を選んだオレは大人失格

Q　同僚はフェイスブックで、行った店やうまかった食事をアップして女子たちに注目されています。僕も人気者になりたいですが、どうすれば女性の興味をひきつけられるんでしょうか？

かぶと虫さん（25歳・埼玉県・会社員）

　オレもブログをやっていますが、あまり気乗りはしてません。だって一銭もお金が入るわけでもないし。それにしても、行ったところや食べたものとか子どもの様子などを報告してどうするんですかね。フェイスブックで日々のことを書き続ける人は寂しい人ですよ。

　だいたい、その同僚は本当に人気があるんですかね。そのおいしい料理だって、女性は本音では「腐っていればいいのに」と思っているに違いありません。そもそも人間は、他人のことになんて関心ありませんよ。まして、人の幸せな姿を見れば、「不幸になれ」と思ってしまうもの。フェイスブックの「いいね！」の数は、やっかみの数だと思えばいいです。わざわざ、人の嫉妬を買うようなことはしないほうがいいですよ。もし、あなたがフェイスブックをやるのなら、自分の不幸ばかりを書き連ねればいいんです。自分の惨めな姿や「今日食べたマズかったメシ」、ものすごくブサイクな彼女とか。とにかくうまくいっているところは見せないほうがいいですよ。

A　「いいね！」の数はやっかみの数

Q

実姉と喧嘩した際、姉は私に「色ボケ女！」と言いました。当たっているだけに言い返せません。悔しいので〝色気がない姉〟を言い負かす、最適な言葉を教えてください。

サムノイチさん（64歳・兵庫県・画家）

このサムノイチさんは、かなり年いっていますね。でも「色ボケ女」と言われるのは幸せなことですよ。お姉さんの褒め言葉だと思いますよ。64歳で色気がある女性なんて会ってみたいです。きっと豊満なんでしょうね。

そんなことだから言い返す必要はありませんよ。応酬するのはトラブルの元。自分がされて嫌なことは、他人にはしないほうがいいですよ。とくに姉妹なんですから。

オレも20年前、母親が死んだときの葬式で、兄貴と久しぶりに会って、和やかにパチンコの話をしていたんですよ。2人で「じゃあ、今からパチンコ行くか！」と盛り上がったら、「こんなときにパチンコ行くなんて、お前たちはバカか！」と怒鳴ってきたのが姉の旦那。義兄は元警察官ですごく頭が固くて、オレとは性格が合わないんです。そのときも、オレは言い返しませんでした。やり返すと喧嘩になりますから。でも、あのときパチンコに行っていたら絶対勝っていただろうなと思うと、今でも悔しいですよね。

A 64歳で「色ボケ女！」と言われたら、それは褒め言葉

Q

ガラケーの親にテレビに出ているところを見られたくないので「すべてネットの仕事だよ」と言っていました。それが最近バレたようです。親には干渉してほしくないのに……。

井上咲楽さん（18歳・栃木県・タレント）

この人はタレントさん？　これはどういうことやろうね？　インターネットの仕事だと親は見られないけど、テレビだと、タレントをしていることがバレて、親がうるさく言うということ？　まあ、よくわかりませんが、金を稼いでいるのなら、親に束縛されることはありませんよ。自分の思いどおりにやればいいだけ。でもタレントで稼いでいくなら、親からいろいろ言われても、聞く耳を持たないくらいでいいんじゃないですかね。

オレは、ネットかテレビかで、仕事を選ぶことがありませんよ。というか、スケジュールが合えば、頼まれた順番に仕事を受けています。ギャラがいい仕事をしたいのが本音ですけど、出演料の良し悪しで選ぶほど器用ではありません。決まった仕事は、テレビでもネットでも、ギャラに関係なく、テキトーにやるだけです。とはいいますけど、オレにとってＣＭだけは違います。ギャラが多いＣＭの仕事が入ったら、最優先でしっかり演技しますので、よろしくお願いします。へへへ……。

A　ＣＭ以外の仕事はテキトーにやるだけ

Q

夫の転勤で東京暮らし2年。幼稚園の息子のママ友といい関係が築けません。長崎にいたころは役に立った人見知りしない性格が東京ではなれなれしいと思われているようです。

アリスさん（32歳・東京都・主婦）

人が群れると、嫉妬が生まれたり、派閥ができたりするから、ママ友とは無理してつき合わなくていいと思いますよ。それでもコミュニケーション能力を高めたいのなら、フリー雀荘がいいです。見ず知らずの他人と麻雀卓を囲んでいると、すごく緊張しますが、麻雀というゲームは、駆け引きがあったり、感情を押し殺したりと、人と人とのつながりの醍醐味を教えてくれます。

あっ、でも、この人、長崎の人ですね。長崎県民は、開放的な人が多いんです。江戸時代に鎖国していたときもオランダと貿易していたから、外国人だけでなく誰に対してもオープンなんです。それに、当時は貴重だった砂糖も、長崎だけはふんだんに使えたから、カステラが生まれたんです。オレも夏になると、水に砂糖を入れただけのものをよく飲んでいました。そんな砂糖文化があるから、長崎の人は穏やかで柔らかい気質なんです。だから性格を抑えてまで都会のママ友に合わせる必要はありません。自分らしくがいちばんだと思いますよ。

A 長崎の人は砂糖文化で育つ

Q

結婚して5年になりますが、独身時代につき合っていた男性がいまだに忘れられません。夫との生活には不満はありません。息子もかわいいです。でも、心の中では違う人を思っているんです。

匿名希望さん（35歳・広島県・派遣社員）

今の暮らしに不満がなければ、そのことは旦那さんに話さないほうがいいですよ。どんなことを考えようとあなたの自由ですから。それより、そう思える男性がいたというのは、すごく幸せなことですよ。不倫だったんですかね……。

オレが忘れられないのは、亡くなった女房ですね。前の女房には2人の姉さんがいて、そのうちの一人は、オレの同級生でわりときれいだったんです。オレの友達が、上京したオレが寂しくしているから励ましてやってと姉妹に言ったらしく、手紙が来たんです。送り主は同級生だと思うじゃないですか。その彼女が東京に来ることになって会ったら前の女房だったんです。思わず「えっ？」と言ってしまったら、申し訳なさそうな顔をしていました。その後、つき合うようになって「小島荘」という木造アパートで同棲したんですが、嬉しかったですね。前の女房と初めて同棲したのが昭和48年10月10日。この日付だけは、最近、忘れっぽくなってるオレでも忘れませんでした。

A

〝忘れられない恋がある〟というのは幸せなこと

Q

妻が不倫をしました。男友達と飲みに行ってエッチしたようです。妻のスマホのメールが証拠です。妻は泣いて謝ってきますが、離婚しようと考えています。蛭子さんはどう思いますか？

キシリトーレさん（32歳・千葉県・会社員）

いや～、暑いですね。熱中症になりそうですよ。そういえばオレ、この前まで熱中症はインテリしかならない病気だと思っていました。いつも勉強している頭のいい人が、たまに外に出て、日にあたってクラクラとなるものだとばかり。だからオレは大丈夫かなと。へへへ。

それにしても、こんなに暑いと、人の相談なんて聞いていられませんよ。しかも、また不倫ですか。最近多いですね。というか、この奥さんは、そんなにセックス自体を重要視していないのかもしれませんね。友達と話をする感覚でエッチしちゃうんですよ。泣いて謝っているのなら、あなたのことが好きなんでしょう。だったら許すのもありです。一回だけは水に流しましょうか。そして「次はないよ」とでも言っておけばいいんです。

オレの女房が浮気しても、やってしまったことは仕方がない、という感じでしょうね。セックスをしたとかしないとか、どうでもいいですよ。こんな暑い日に、深刻に考えると、熱中症になっちゃいますよ。

A 浮気する女性にとってエッチの価値は会話と同じ

Q

夫のスマホをこっそり見たら、出張に行くたびに、風俗で遊んでいることが発覚。夫は「つき合いだ」というけど、それ以来、夫婦関係もギクシャク。許すべきでしょうか？

キリ子さん（35歳・愛知県・会社員）

旦那の携帯やスマホには、妻にとって悪いことしか書かれていないのに、見ちゃうんですね、ウヘヘヘ……。男という生き物は、地方に出張すると、気持ちが高ぶるものです。オレは、旅先で風俗には行きませんが、出張先のベッドで跳びはねていることがあります。

疑似恋愛の風俗に行くくらい許してあげてもいいと思いますけど、裏切られたという気持ちもわかります。とはいえ、この人は、隠れてスマホを見て、相手の秘密を暴いて、勝手に怒っているんですよね。それなら離婚したほうがいいと思いますよ。相手のスマホを見ることは、夫婦間でもルール違反ですよ。そんな衝動と闘うことが、結婚生活を長く続けるコツだと思いますけどね。

この人は、結婚相手のすべてを知っていないと満足できないタイプなんでしょうね。でも、そんな人は、結婚や相手に対して、高い理想を持っていて、いろいろ求めすぎてしまう気がします。オレが結婚した理由は、安定してエッチができること。あとは何も求めません。

A 相手のスマホを見ることは夫婦間でもルール違反

Q

38歳の夫の不倫が発覚。相手は会社の部下のようです。寝ている夫のスマホをこっそり見て、相手の女性を特定し、復讐したいと思います。不倫についてどう思いますか？

よ♥し♥みさん（39歳・大阪府・OL）

年明け早々大変ですね、うふふふ。でも危害を加える復讐はしないほうがいいですよ。証拠を積み重ねたほうがいいでしょう。弁護士に相談したらどうですか。オレは浮気をしたことがありません。トラブルの元凶だし、人を傷つけます。賭けマージャンで捕まりましたが、不倫のほうが悪質だし、逮捕されるべきだと思っています。

とはいうものの「ちょっとは……」という願望も。去年の夏ごろ、30代の女性からファンレターが届いたんです。すごく達筆で、オレのことが好きそうな感じ。下心が出てきて、ふだんは出さない返事を書いたんです。ワクワクして待っていたけど、いつまでたっても連絡がないんです。オレが出した手紙は「ありがとうございました。これからも、よろしくお願いします」ということだけ。マネージャーは「今度会いましょう、とか書かなかったら、普通にファンレターのお礼ですよ！」と……。ガッカリしたけど、少しホッとしたのも事実。やっぱり人の道を外すのはやめたほうがいいですね。

A ファンレターの返事を下心から書いたことアリ

Q

年々、妻が家事をしなくなっています。今では、朝晩のご飯作りから子どもの弁当作り、ゴミ出し、炊事、洗濯、掃除まで引き受けています。現代の旦那はどこまで家事をやるもの？

苦郎丸さん（45歳・静岡県・会社員）

これははっきり言って、旦那さんが奥さんとセックスをしていないからです。夫は、家事のひとつとして妻とエッチをしなければいけません。奥さんを喜ばせられないのなら、家のことをしなければいけないのです。

奥さんは少しずつ不満を顔に出していたと思うんですよ。それに旦那さんは気がついていたんですかね。オレは女房の機嫌が悪いと思ったらすごく気を遣いますよ。最近は年のせいか、エッチはしていませんが、ゴミ出しをしたり、遊びに連れて行ったりします。

たしかに女性の心理はわかりにくいもの。この前、長崎の大村競艇場で「蛭子能収杯」がありました。協賛者のオレの名前がついた、女性選手だけのレースです。ここで過去のレースでビリしかとっていない20歳の選手がいきなり1着に。大穴で19万円（100円で19万円！）もついたんです。でも、オレは予想を外しました。オレの（名前のついた）レースなんだから、勝ちそうな選手を教えてくださいよ！

A

奥さんとエッチするのも家事のひとつ

Q

バツイチです。今、離婚歴ある女性と交際中で、彼女の小2の息子とも良好な関係です。一度失敗しているだけに、結婚に踏み込めません。アドバイスをお願いします。

ヒロムさん（36歳・山口県・会社員）

バツイチとは状況が違うけど、オレは、前の女房が死んですぐに再婚したいと思いましたけどね。自分が楽しく生きるためには、しっかりした家庭があってこそ。生きているオレが幸せにならなければと思ったからです。19歳年下の新しい今の女房との初デートは多摩川競艇場でした。行き先はオレが決めました。でも、それ以降、すべてにおいての主導権は女房に握られています。

でも、オレは、女房が社長で、自分は課長ぐらいがいいと思っています。他人同士が一緒に生活するわけだから面倒くさいし、結婚生活に特別な楽しみはありませんよ。もっと身近なところに楽しみはあるはずです。先日も「ファッションセンターしまむら」に行きたいと言われて、オレが車を出しました。女房は「しまむら」を2、3軒ハシゴするんです。どこも同じに見えるけど、店舗ごとに微妙な違いがあるようです。面倒くさいですが、どんな違いがあるか探しているだけで楽しいもの。最後まで、違いは見つかりませんでしたけどね。

A 夫婦円満の秘訣は〝女房が社長、自分は課長〟

Q

50年間、彼氏ができません。友達からは「華がある」と言われますが、殿方から声がかかりません。私が話すと「深いな〜」と感心されるだけ。気軽に声をかけてもらいたいです。

月乃さん（54歳・神奈川県・無職）

気軽に声をかけてもらうためには、まずは隙がないと。太っていたり、間が抜けていたり……というよりも「華がある」とか「深いな〜」は褒め言葉ですか？　そう思っているのなら自信過剰だと思いますよ。周りはあなたのことを面倒くさいと思っているだけかもしれません。

そもそも50歳を過ぎたら、周囲の評価はどうでもいいこと。オレも人からどう思われているかすごく気にするタイプでした。「口が臭い」と言われて落ち込んだこともありますよ。でも口臭など人に迷惑がかかることは直せるけど、顔や性格はどうしようもありませんからね。

それに彼氏もできずに、気軽に声もかけられないで、50年間生きてきたのなら、これからもそのまま生きていったほうがいいですよ。今さら自分を変えるなんて難しいし、ありのままを受け入れたほうが楽です。そして、そんな自分をネタにしてみたらどうですか。「深くて華がある私はなぜかモテない」という小説を書いてみたらどうですか。売れるかどうかはわかりませんが……。

A　50年間、彼氏がいない、という事実を受け入れたほうが楽

Q 私は人を見る目がありません。これまでつき合った彼氏は、交際してみると暴力癖があったり、浮気癖だったり。人を見抜く力がある蛭子さん、どうすればいいの？

サラミさん（25歳・東京都・OL）

おととい競艇で大穴を当てました。300円で買った舟券が81万円に。そのときは誰が勝つか、見えたんです。だから、オレには人を見抜く力があるんです。今日は気分よく、相談に乗れますよ〜。

たぶん、あなたは男の人の顔だけを見ているんですよ。それを変えない限り直りませんよ。いい男は、フワフワして育てられたから、やっぱりワガママですよ。

たしかに、オレもいろんな人と仕事をしますが、その人と合うかどうかは難しいですよ。オレは、偉そうにしている人とはつき合いたくないんですが、人は変わりますからね。テレビ局のあるプロデューサーは、最初すごく丁寧で「蛭子先生」と呼んでいたのに、仕事で会うたびに「蛭子さん」から「蛭子」に。最近では「おいオヤジ！」ですから。まあ、人なんてそんなもんですよ。オレも競艇選手に裏切られ続け、1億円以上も負けているからこそ、時に勝つ選手を見抜けるんです。恋をいっぱい失敗すれば、あなたもいつかは見えてきますよ。

A 人に裏切られることで人を見る目は養われる

Q 49歳のバツイチ女です。60代のおじさまに好かれ、お友達程度ならと思っていたら、次第にストーカーのように、仕事帰りに待ち伏せされたり、エッチな関係を求めてきたり。困っています。

リオリオリオさん（49歳・群馬県・パート）

どうしてもエッチをしたくないわけですよね。適当なあしらい方を知っていてもいい年なのに、オレに聞きますかね……。

オレは、一度くらいならエッチしてもいいと思います。そもそも〝お友達なら〟と思って接したのがいけないんですよ。還暦を過ぎていたとしても男というものは〝お友達の次は〟とエスカレートしていくもの。ストーカーは犯罪だから、嫌だったらオレに悩みを打ち明けるよりも警察に相談するべきです。どこかであなたは、その男性をもてあそんでいる気持ちがあるんじゃないですか。

オレは長崎で働きだしたころ、パチンコ店の店員をすごく好きになったんです。その人に会うために、毎日、ストーカーのように通っていました。そこで釘と釘の間にパチンコ玉が詰まると、彼女に戻してもらえるから、いつも〝玉がひっかからないかな〟と思いながら打っていました。でも、それではパチンコは勝てません。それに彼女もまったく相手にしてくれませんでした。男は、勘違いする生き物なんですよ。

A 男とは、還暦を過ぎていても〝お友達〟以上を求める生き物

Q 彼氏に黙って風俗で働いています。親の借金を返すために仕方なく働きだしたのですが、彼が結婚しようと。彼をだましているようで、本当のことを告げようかと迷っています。

マツジュン子さん（24歳・千葉県・OL）

ウフフ……、深刻な相談ですね。オレは風俗で働くことを否定しません。まして親の借金を返すためなら、それを聞いても「あっ、そう」と言うと思います。でも、彼に言う必要はないと思いますよ。ちょっとしたわだかまりになるかもしれませんからね、黙っていればわかりませんよ。バレたら、そのとき考えればいいんです。人生と競艇は、スリルがあるからおもしろいんですよ。

ただマイナンバー制度が始まってから、風俗とかで副業をしていると、会社にわかってしまうとか（と、マネージャーからマイナンバー制度の説明を受け……）。

えっ、じゃあ、オレの場合、テレビや漫画などの収入が一本化されるということですよね。それよりギャンブルで勝ったお金はどうなるんですか？　もしかしたら、あまり競艇で勝ったとか言わないほうがいいんですか？……まあ、どうせ負けてばかりですけど。昨日も10万円負けたし……ほんと、スリルがありますよね、競艇は。

A 人生も競艇もスリルを楽しむもの

Q

去年、会社の納涼会で、27歳のGカップの女性社員から告白。でも、つき合っている間に、その女は、自分の先輩とできちゃった結婚！女の心理がわかんねえ〜よ、蛭子さん！

人間不信さん（34歳・茨城県・会社員）

最近どこかのアンケートで「生理的に受けつけない男性」の2位になったオレに、女性の心理を聞きますかね。ちなみに、1位になったのは江頭2：50さんで、3位はバナナマンの日村勇紀さん……。毎日シャワーを浴びて清潔にしているのに、まだ気持ち悪いのかな、オレ……。

ただ、女性の心理で気づいたことが。オレは似顔絵サイン会をするんですが、ときどき「裸にして描いてください」という女性からの依頼があるんです。面倒くさいけど、胸元を見て想像して描きます。わりと適当ですが、大きめのオッパイにしてあげるとみんな喜ぶんです。

これは以前、テレビ番組で、女優の山村紅葉さんと女医の西川史子先生のオッパイを想像で描いたことがあるんです。そのときに、山村さんのオッパイを大きく描いたら喜ばれて、小さめに描いた西川先生にはすごくキレられたんです。それからオッパイは大きめに描くようにしています。ただ難しいのは、乳首まで大きく描くと、もっと怒られます。女性の心を読むことは難しいです。

A

オッパイを大きく描くと喜ばれるが、乳首を大きく描くと怒られる

Q ミュージシャンを目指す彼は、私が稼いだ金で毎日パチンコして飲み歩いています。この前はバイト先の女と、私が家賃を出しているマンションでエッチまで。別れるべき？

リリ～カさん（27歳・千葉県・ＯＬ）

金を貢がせて〝飲む打つ買う〟なんて、フフフ……。オレにはヒモ願望がありませんが、女性に貢がせたいと考えている男性は多いですよ。そんな男が嫌だったら別れればいいだけ。でもだまされているとわかっていても、貢いでいることが楽しいと思える女性もいます。あなたも男に入れあげることが、生きがいになっているんじゃないですか。まあどうでもいいですけど。

そういえば、オレの名がついた冠レース「蛭子能収杯」が先日、大村競艇場で行われました。オレも舟券を買いましたが、トータルで５万円負け……。オレの協賛レースなのにうまくはいきません。とくに競艇は、インコースから逃げることができる１号艇が圧倒的に有利。インコースの選手を選んで舟券を買っていれば、配当は安いけど負けるリスクは減ります。とはいえ、ときどき、アウトコースの選手が勝つことも。配当の高いレースが出たときの興奮は言葉になりません。こんなに奥深いのが競艇です。どうせ入れあげるなら競艇ですよ。

A 男に入れあげるより競艇に入れあげるべき

Q 高1の男子です。中学時代の同級生にコクられて、つき合うことに。でも、それ以来、一度も会っていません。LINEで1カ月に一度くらいやり取りがあるだけ。これってつき合ってる？

山ゴリラ君（16歳・東京都・高校生）

えっと、ですね……オレ、競艇に行くときは、いつも10万円持っていっていたんですが、負けが続くから女房と協議した結果、今月から3万円に……。そんなときに、高校生の相談なんかどうだっていいですよ。

つき合っているかどうかは、エッチをしたかどうか。交際してから一度も会ってないなんて、確実にフラれています。彼女には別に男がいると認識したほうがいいですよ。相談がネタだったらいいですが、本当だったら空気を読まなさすぎです。冷静に考えたほうがいいですよ。

冷静に考えるというと、手持ちの金が10万円から3万円に減っただけで、平静を保つのが困難になるもの。先日も愛知県の常滑競艇場に行ったんですが、大穴は怖くて狙えない。中穴を狙ったけど当たりません。最後は3、4番人気を買ったけど、結局2万5千円の負け。小さくまとまりすぎるのが敗因です。競艇で勝つためには、心の余裕が必要。軍資金を10万円に戻してください、と誰か女房に伝えてください。

A つき合っているかどうかはエッチをしたかどうか

Q

今年こそ結婚したいので〝好感度を上げる会話法〟や〝40歳からモテる術〟といった本を読みまくっていますが、浮いた話もなく……。女性を振り向かせる技術が知りたいです。

神ギスカンさん（40歳・東京都・会社員）

この前、2万円だけ持って長崎の大村競艇場に行きました。が、あっという間に全部スってしまいました。前までの軍資金は10万円でした。今は遊ぶ金が減らされているんだから、本命だけに絞れば勝てたかもしれません。まして、万舟（高配当の舟券）が出にくい大村競艇場です。それでも50年続けている〝大穴狙い〟を曲げたくありません。いつか当たるときが来るんです。

あなたも、自分を飾ったりしないで、素のままでいたほうがいいですよ。いずれモテるときが来るかもしれません……。もし来なかったら、それはしょうがないことですよ。

ただ女性を振り向かせるだけだったら「ゴディバ」がいいですよ。「ゴディバ」のチョコを初めてもらって食べたときに、あまりのうまさと値段に驚きました。それからは、オレが協賛する女性競艇選手だけの「蛭子能収杯」の賞品はオレのサイン色紙と5千円の「ゴディバ」にしています。優勝した女性選手はチョコだけを喜びます。女性に注目されたかったら「ゴディバ」です。

A 女性にモテるための切り札は「ゴディバ」のチョコレート

Q 高校の同窓会があり元カレと再会します。元カレは既婚者で私は元カレを引きずって独身のまま。おばさんになった姿は見られたくないけど恋に発展するかも……。

マオっちさん（45歳・広島県・OL）

女房からもらう競艇に使う金が月1万円に下げられて半年。先日、昼食代を浮かせてようやく作った5万円を軍資金にして平和島競艇場に行きました。でも全レースに負けてしまい、その5万円すべてスってしまいました。やはり遊ぶ金を制限されていると、思い切った勝負ができないから、どうしても勝てません。それにしても全レースで負けてしまうとは……。

オレが競艇場に初めて行ったのは20歳の誕生日。そのときも12レースに1千円ずつ賭けましたが、すべて負けました。給料全部なくしたけど、競艇場はキラキラと輝いていてオレに充実感をくれました。全レースで負けるのは、それ以来のことです。今は、とても冷静な判断ができませんよ。

そんなオレにとって、あなたが同窓会に行くか行かないかなんてどうでもいい話。元カレの家庭を壊すかもしれないけど、どうでもいいこと。過去のことは輝いて見えるもの。とにかく冷静になったほうがいいですよ。

A 競艇で全レース負けたオレにはすべてがどうでもいい話

「笑われる」心得3

〝自分のルール〟で生きよう。

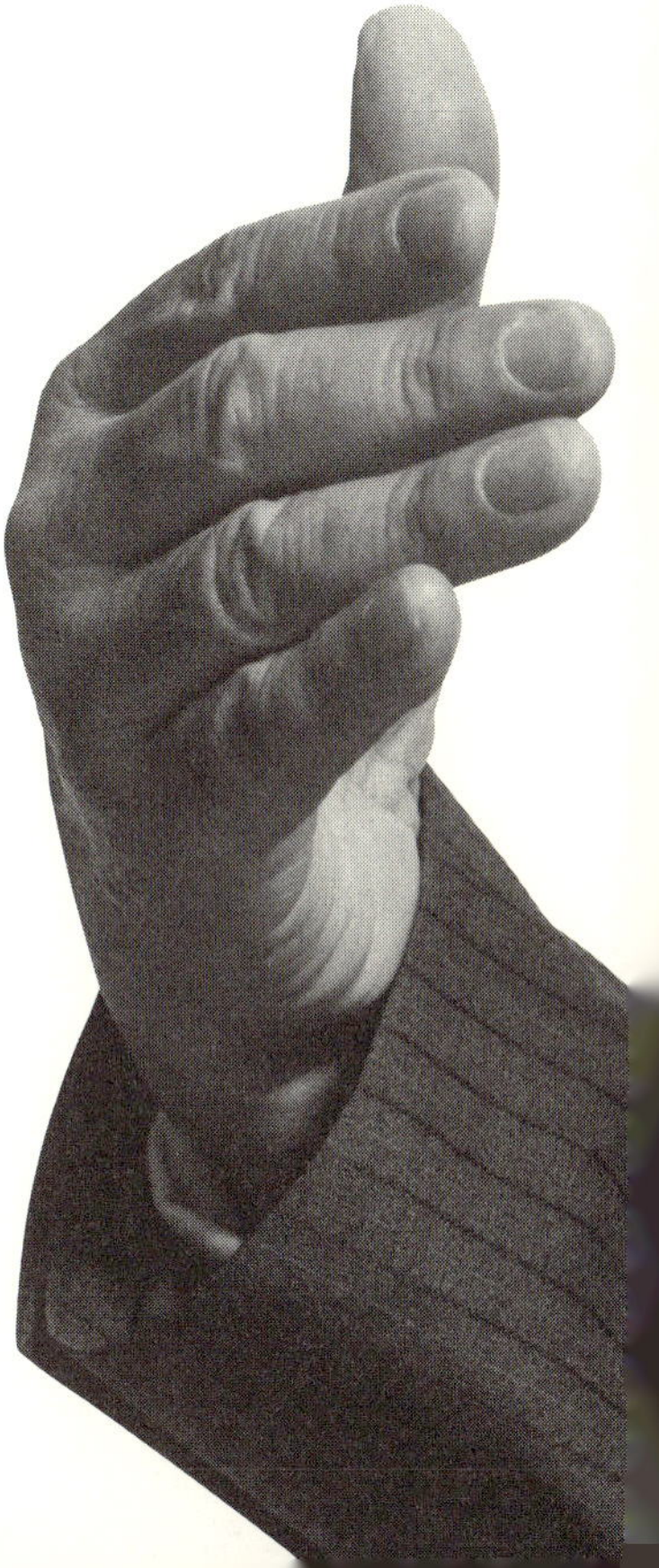

ホテル選びのこだわりは〝ベッドからトイレが近いこと〟

泊まりがけの仕事で地方に行くときは、テレビ局の人がホテルを用意してくれます。でも、たいてい1泊1万円以上するようなシティホテルです。そして、どこもベッドのほかにソファやテーブルがあるなど、無駄に広い部屋が多いんですよ。

芸能人は見栄を張るから、安いホテルにしたら「オレはこんなところには泊まれない!」と怒られると、テレビ局の人は思っているのかもしれませんね。人気商売の芸能人は、高い時計をしたり、外車に乗ったり、いい格好を見せようとするもの。安いホテルだと、ランクが下に見られると思うんでしょうね。

オレがホテルに求めるのは、心地よく眠れること。ベッドが清潔であれば、それ以外の快適さは、まったく気になりません。

そもそも、普段から時間を短縮できるものには金を払うことはあっても、快適さというものに、余分な金を払うつもりがありません。だから、自分の金で新幹線のグリーン車には乗りません。同じスピードで着くのに、自分だけは快適に行きたいと思っている人なんて信用できませんよ。

そんなオレが泊まりたいのは、シティホテルよりも料金が安いビジネスホテルです。しかも部屋は狭ければ狭いほうがいいですね。70歳になり、夜中に頻繁に小便に行くようになった今は、ベッドから2、3歩でトイレに行ける「東横イン」がお気に入りですね。

あと宿泊施設に求めるものはウォシュレットです。地方のホテルでも、今はほとんど温水洗浄便座が設置されていますが、旅館や民宿のトイレだとついていません。だから、旅館や民宿には泊まりたくありません。

旅番組の『ローカル路線バス乗り継ぎの旅』では、リーダーの太川陽介さんの指示どおりにすべて動いてきました。でも、旅館や民宿に泊まろうとしたときだけは強く抵抗しました。ワガママだと非難されようが、仕事だとはいえ、自分の「ルール」にはこだわりたいんですね。

ファッションのこだわりは〝ポケットが多いこと〟

オシャレや見栄に金をつぎ込む人がまったく理解できません。ブランドものの服を欲しがる気持ちもわかりません。

オレの服装のこだわりといえば、ポケットの多さです。競艇場では、現金や購入した舟券、色鉛筆、予想新聞など必需品がたくさんあります。ポケットが多いほうが、なにかと便利だからです。

もうひとつのこだわりは服の色です。自分が選ぶ服は、黒っぽいズボン、茶色系統のブレザーなど、なるべく控えめな色ばかりです。シャツは、そのへんの商店街で千円くらいの地味なもので十分。とにかく街を歩いていても、目立たない人でいたいのです。

テレビに出るときは、衣装さんが持ってくるオシャレで派手な服を、言われるがまま着ています。オレにとっては、恥ずかしい服ばかりですが、仕事ですから仕方がありません。

着る服は、自分の実力と釣り合ったものがちょうどいいと思っています。漫画家としてのオレの実績に見合った服装は、ヒザが抜けたズボンとヨレヨレのシャツ、地味なブレザーという感じ。それよりも背伸びした服装をすると、とたんにソワソワした心地になってしまいます。

そもそも、服装に限らず、実力がないのに虚勢を張ることが苦手です。実力がないとバレたときに、すごく恥ずかしいですからね。見栄を張っている人は、自分の実像が暴かれたときのことを想像しているんですかね。

オレが考えすぎなのかもしれませんが、小さいときは、新しい服や真っ白な運動靴で、友達の前に出て行くことができませんでした。服をくしゃくしゃにしたり、靴に泥をつけたりして、新品ではないように装っていました。

オレは長屋で暮らしていましたが、まわりの家の親が勤めていたのは、長崎ではいちばんの就職先といわれる「三菱重工」の造船所。漁船乗りは我が家だけ。確実に、オレの家だけ給料が安かったんですよ。

そこで、真新しい服やピッカピカの運動靴を身につけていたら、「新品を着て、無理して金持ちのふりしている」と、みんなからバカにされる気がしていたんです。

自分の家の貧しさに合った服装をすればいいと思って、母親に隠れて、わざと服を汚していました。

服装は、その人の生活や実力と相応のものがいいと考えています。まして洋服で自分を表現しても、しょうがないことだと思っています。自分の実力以上に着飾った服装で「こう見られたい」、「こんな人間だと思われたい」というのはその人の勝手ですが、そんな自意識を他人にアピールするのは、ちょっと面倒くさいですよね。

仕事では〝遅刻はしない〟〝締切りは守る〟

オレは、多くの人からいい加減な人間だと思われているようですが、自分では、真面目なタイプだと考えています。

たとえば、遅刻をしません。電車が止まるなど、どうすることもできない理由で、遅れたことがありますが、オレ自身のミスで、約束の時間に遅れたことはありません。

よほどのことがない限り、30分くらい前には現場に着くようにしています。取材や打ち合わせで待ち合わせをしても、相手よりも先に到着することが少なくありません。遅れてきた取材者に「意外ですね」と不思議がられます。いつもフラフラしている印象があるから、時間もテキトーだと思っている人が多いようですね。

オレが時間に正確でいたいのは、つねに仕事が来なくなるという不安がつきまとっているからです。

漫画の締切りもしっかり守ります。2、3日、締切り日を延ばしてもらうことはありましたが、作品が印刷に間に合わずに、「原稿が落ちた」という経験はありません。背景を描かなかったり、4コマ漫画を2コマにしたりするなどごまかしながらも、一応、最後まで仕上げています。

漫画の世界でも人間関係は大事。締切りを守らないで、編集者に嫌われることは絶対に避けてきました。

とはいえ、漫画の仕事は、今は、2カ月に1回の雑誌の連載があるくらい。しかも、ノーギャラです。これで仕事と言えるかどうかわかりませんが、締切りが来たら、嫌々描いています。

思えば、テレビに出ても、気の利いたコメントが言えません。人を笑わせるような芸もありません。正直に言えば、タレントという仕事を一生懸命やっている気がしません。ディレクターやプロデューサーの言うとおりにしているだけで、テキトーに時間をつぶしている感じです。それでも、職を失う怖さがあるから、仕事がある日は、ソワソワして、早く家を出てしまいます。

タレントとして30年以上、漫画では40年以上、仕事を続けていますが、しっかり働いてきたという自負はありません。オレが仕事を切られずに、続けてこられた理由はただひとつ、働き口を失うことの恐怖心から、約束の時間をしっかり守ってきたからです。

競艇をするときに守るべき〝3つのルール〟

20歳のときから競艇場に通っているので、半世紀にわたり、ボートレースを見続けていたことになります。そんな競艇をするときに、オレは3つの決め事を守っています。

まずは、自分の金で遊ぶことです。競艇に限らずギャンブルならば、共通して言えることかもしれませんが、借金をしてまで、賭け事をするのはとても危険です。

最初の女房と結婚したころに、競艇の必勝法を発見したことがあります。その方法を使えば100パーセント大儲けできるものでした。軍資金がなかったので消費者金融を何軒も回りましたが、どこも貸してくれません。最後には、女房を〝担保〟にして、借金することまで考えました。ようやくかき集めた5万円の軍資金で勝負しましたが、その必勝法の結果は散々。5万円すべてスってしまいました。

どんなことでも夢中になると、我を忘れてしまいます。この経験から、自分のやりたいことは、自分の金でやることの大切さを学びました。

自分で稼いだ金で遊ぶから、真剣に予想し、勝てば小躍りするくらい嬉しいし、負ければ涙が出るほど悔しいもの。人から借りたり、もらったりした金で遊んでも、その興奮は味わえないのです。

次に大事にしていることは、帰りの交通費をしっかり残しておくことです。どの競艇場にも〝おけら街道〟という道があります。タクシーやバスに乗る金を失うほど大負けした人が、肩を落としてゾロゾロ歩く道です。

20代から30代のころは、〝おけら街道〟をよく歩きました。そのときの気分は、とても言葉では言い表せません。

せめて帰りの電車賃を残しておけば、いくら負けても、その街道を歩く必要はありません。今では、しっかり計画を立てて、家までの運賃には手をつけないようにしています。

最後に、オレが守っているルールは、昼食をしっかりとることです。昼ご飯は、眠気を吹き飛ばし、午後から集中して予想する源です。

また、競艇には金を増やしに行っているつもりですが、ほぼ毎回、負けて帰ることになります。その帰り道に、腹がグーグーなると、さらに惨めになってしまいます。ポケットをあさっても小銭さえないので、食べ物を買うこともできません。

そんな体験を何度も繰り返したことで、最近は、朝から夕方まで、競艇に没頭していても、しっかり昼食を食べるようにしています。どんなことがあっても、日常のペースを乱さないことは案外、大切なようです。

借金をしない、計画を立てて金を使う、どんなときでも日常のペースを乱さない——。こんな決まり事は、生きていくうえで、思いのほか役に立つことが多いんですよ。これまで1億円以上も負けている競艇ですが、たくさんの大切なことを気づかせてくれるのです。

〝曖昧なルール〟だと自由を満喫できない

'17年7月に、警察庁が〈パチンコの勝ち額の上限を5万円以下にする〉というニュースを見て、オレは椅子から転げ落ちそうになりましたよ。

オレは、18歳からパチンコをしていますが、そのニュースを見るまで、パチンコ玉を金にする「換金」は、いけないことだと思っていました。違法とまではいかないにしても、路上駐車のように警察は目をつぶっているだけで、かなりグレーゾーンだと認識していました。だから、ライターの石や香水、金の粒などの「特殊景品」を持って換金所に行くときは、やましいことをしている気分でいっぱいでした。

50年以上もパチンコは違法な賭博と思っていたのに、いきなり警察が、勝ち額の上限を決めるなんて……。いったい、いつからパチンコの換金は、国からのお墨付きをもらったのでしょうか。

オレが、初めてパチンコ屋に行ったのは高校の卒業式の当日です。すでに18歳になっていて、パチンコをやっている同級生もいましたが、高校生はパチンコができないルールがあったので、オレは、それを守りました。ルールを破ってパチンコをしても、後ろめたさから、本当に楽しむことができないと思ったからです。

そのころから、オレは自由に楽しむために、世の中のルールに従いたいと思って生きています。むしろ規則を守ることが好きです。

それでも、日本にはグレーゾーンと思える曖昧なルールが、すごく多くて困っています。

たとえば、ギャンブルにしても、競艇は公営ギャンブルとして認められていますが、オレが逮捕された麻雀賭博については、グレーゾーンな部分も。

たしかに、オレの場合は、逮捕される前に、漫画や雑誌のインタビューで「麻雀で5千円負けた」「今日は8千円も勝った」などと麻雀の戦績を明らかにしていました。それが警察を刺激してしまい、見せしめとして逮捕しようと、と思ったのかもしれません。

でも、世の中で、金を賭けずに麻雀をやっている人がいるとは思えません。

しかも、オレは、何十万円や何百万円を賭けるような高レートではありません。勝っても1万円くらい。パチンコの勝ち額5万円より安いくらいです。

オレは、逮捕されて以降、麻雀をしたら捕まると思って、仕事以外では、麻雀牌に触れることをやめました。マズいことをしているという不安を抱えながらだと、ちっとも楽しく遊ぶことができません。

先日、金を賭けずに、シニアや主婦を対象にした「健康麻雀」をしましたが、負けても財布の金が減らないので緊張感は皆無。まったく違うゲームに思えてしまいました。

勝ち額の上限を決めれば、麻雀も金を賭けてもいいとオレは考えています。みんなで話し合って、新しい麻雀のルールを決めてくれたら、オレは思う存分、楽しめます。

オレは、麻雀で一定の金を賭けて遊ぶことが公に認められるまで、考えを変えるつもりがありません。パチンコが公的に認められたように、いつの間にか、世の中のルールが変わることもあるんです。

身に起きた出来事は〝ネタ〟だと思えば楽

オレは、目の前で起こった出来事を、すべて「ネタ」として使えるかどうか無意識に考えていることがあります。

おもしろいことはもちろん、身に降りかかった小さな災難やすごくストレスを受けても「これはネタになるやろか」と考えている自分がいるんですよ。

これは漫画家としての習性かもしれません。若いときから、街を歩いていても、喫茶店でコーヒーを飲んでいても、なにかネタがないかと探していました。その癖が抜けないのかもしれませんね。

漫画は小学生のころから、時間があれば、ノートに描いていました。そのときに描いていたのは、オレをからかういじめっ子を残酷に殺すような漫画でした。

中学1年のときには、クラスにいた6人の不良グループをよくネタにして描いていました。

オレは、たばこの使い走りや昼食のパン買いなど、その不良グループの便利屋でした。ときには殴られたり、金をたかられたりしたこともありました。しかも担任は、オレをその不良グループの一員とみなしていたから、学校に行くのが本当につらかったんです。

その不良グループのヤツらが、酷い死に方をしたり、嫌な目に遭ったり、教師が悲惨な殺され方をするようなストーリーで漫画を描いていました。

人と揉めるのが苦手なオレは、相手に歯向かったり、反発したりすることを避けてきました。嫌なことがあったら、それをネタに漫画にして、不満を発散させていたのかもしれませんね。この考えは、今もまったく変わっていません。

不幸があっても、つらいことがあっても、嫌な人がいても、これを「ネタ」

にしてやろうと思うと、あんがい楽になりますよ。

人間とは〝どうしようもない生き物〟

オレは、人は、どうしようもない生き物だと思っています。

たとえば、いきなり嫌味なことを言われたり、カチンとくるようなことを言われたりすることがあります。言われたときは、すごくビックリしますが、人はどうしようもない生き物だと考えていれば、なんとも思いません。

悪口を言えば、陰口をたたくのも人間です。それでいて、中傷した相手の前でニコニコすることもできます。そういう生き物だと認識しておけばいいんですよ。

人間関係を築こうと思っても、考え方が微妙に違うから、なかなかうまくいくはずがありません。うまくいったら、儲けものだと思っていれば間違いないないと思いますよ。

人に期待をしすぎると、裏切られたときに、よけいにショックを受けますよね。だったら最初から、誰にも期待しなければいいんですよ。

オレは、23歳のとき、長崎の看板屋で働いていましたが、自由になりたくて、嘘を言って逃げるように東京にやってきました。

看板屋の主人は、自分の娘と結婚させて、いずれはオレを跡取りにしようと考えていたようです。それが重荷だったこともありますが、勝手に職場を辞めたわけですから、迷惑をかけてしまいました。

オレが東京に行くと、母親が、一人っきりの寂しい生活になることはわかっていました。でも「ごめん、どうしても東京に行きたいんだ」と家を飛び出しました。オレは、母親を捨てたようなものですよ。

東京に出てきても、自分勝手な行動やワガママを言ってきました。それは、すべて自由に生きたいからです。オレは、仕事以外は、自由に考えて行動できれば満足なんです。

人間は、自由に生きるためなら、5回ぐらいは、小さな迷惑を他人にかけてもいいと考えています。オレも、どうしようもない生き物なんです。

蛭子能収の
ゆるゆる人生相談
「仕事とお金」編

Q 40代に入って急に仕事がなくなりました。40歳を過ぎたらもっと働けるはずなのに、若いカメラマンに仕事を取られてばかり……。このままでは失業してしまいます。

ナオタンさん（43歳・東京都・ファッションカメラマン）

40歳とか年齢にこだわることないですよ。稼げないうちは修業の身なんですから。オレはずっと貧乏暮らしでしたが、1カ月いくらあれば家族を養っていけるか計算して、そのぶんだけは必死に仕事をしていました。漫画だけでは食っていけないから、ちり紙交換などいろんなバイトもしました。とにかく家族が、1カ月暮らしていける生活費を決めて、それを稼ぐために一生懸命働くこと。それでも稼げなかったら、カメラマンの仕事にこだわる必要はないと思いますね。オレもフリーだから、仕事がなくなる気持ちはすごくわかります。ただ、オレはこう見えて、世の中の動きを見ているんです。漫画も「ヘタウマ」の時代に、機を逃したらダメだと思って、描きまくりました。テレビも「素人の時代」といわれた時期があって、少し変わった一般人が持てはやされました。その波にうまく乗ったんです。時代の波に乗るコツは、競艇場で人の観察をすることですね。レースに熱中しているふりをしながら、そこに集まる人を見ているんです。オレは意外と計算高いんですよ。

A 稼げないうちは修業の身。がむしゃらに働くべし

Q

私は人に頼まれると、断るのが苦手です。仕事でも雑務を押しつけられてばかり。同僚は上司から頼まれた残業を要領よく断っていますが、それがどうしてもできません。

サッキーさん（27歳・宮城県・会社員）

オレも誰かの頼み事を断るのが大の苦手。だから、これまでもパンツ一丁で熱湯風呂に入ったり、この前も番組でぎょう虫検査を受けたり、人が嫌がる仕事をやってきました。今でも休みがないほど働けるのは、オファーを断らなかったからだと思っています。人から頼まれることは、みんなから好かれている証拠。人が嫌がる雑務をコツコツとこなすことは大切ですよ。そうしていれば、最終的には日の目を見ると思います。

ただ、オレにも断る仕事があります。バンジージャンプやスカイダイビングなど生命にかかわる仕事は受けません。とくにバンジージャンプは、ふだんからロープが切れたらどうなるんだろうと、ちょっと期待して見ている自分がいます。オレのときに切れたらシャレになりません。

この前、旅番組のロケで、水圧を使って空を飛ぶ「フライボード」をやってみました。オレは海で育っている「海の男」なので、潜ったり泳いだりするのは得意。その手の仕事をください〜。

A 断る仕事は、バンジーとスカイダイビングだけ

Q

私は時間の使い方が下手なのか、自分だけ仕事に追われて残業に……。時間を上手にやりくりする同僚を見るとうらやましいです。上手な時間管理の仕方を教えてください。

京子さん（32歳・神奈川県・会社員）

あなたは、きっと仕事が好きなんですよ。それで給料がもらえるのならダラダラ働いていればいいんです。時間管理は、遊びたいとか競艇に行きたいとか、そのあとに何か目的があれば誰でもできることだと思いますよ。

オレには月に1、2度、自分の好きなように過ごすことを女房から許された〝ヨッチャンデー〟があるんですが、その前日から、何時に平和島競艇場に着いて、そのあと近くの映画館に行って……と細かく予定を作ります。遊ぶ日に仕事を持ち込みたくないので、漫画の仕事があったら、それまでに適当に終わらせてしまいます。3コマ描くべきところを2コマにしたり、背景を描かなかったり。それで編集者から何か言われても笑ってごまかす、などのテクニックを持っています。時間管理より、その能力を磨いたほうがいいと思いますよ。オレが慌てるのは、舟券の発売締切り時間。ギリギリまで予想して、ダッシュで舟券売場へ。あれは時間に追われているのではなく、その時間をかみしめているんですけどね。

A 時間管理能力より手を抜くテクニックを磨け

Q

大事な会議や仕事で不安なことがあると眠れません。寝なきゃと思えば思うほど目がさえて、何日も徹夜状態で会社に。蛭子さんの快眠方法があったら教えてほしいです。

みよぴ〜んさん(31歳・広島県・会社員)

オレの快眠方法は寝ないことです。オレもときどき眠れない日がありますが、そんなときは布団から出て漫画を描きます。「眠らなくちゃ」と考えるよりも仕事していたほうがはかどるし、いつの間にか眠くなります。

若いときは、締切りに追われて、頭をたたいたり、太ももをつねったりして眠気を抑えて漫画を描いていました。2日連続で朝まで仕事したことがありますが、ちゃんと昼には仮眠をとっていました。

よく、寝ないで仕事したとか、寝食を忘れて成し遂げたという人がいますが、あれは嘘ですよ。「徹夜ですよ〜」と自慢げに話している人がいますが、どっかで寝て、埋め合わせしているはずです。そもそも寝ていないことや仕事が忙しいことを偉そうに言う人は信用できませんね。

たぶん、あなたは、眠れない夢を見ているだけで、睡眠をとっていると思いますよ。どこかで〝寝ていない自分〟をカッコいいと思っているか、仕事ができなかった言い訳にしようとしているんですよ。

A 不眠を解消する方法は「寝ないこと」

Q

魚河岸の3代目の夫は、76歳になっても長男に家業を譲ろうとしません。4代目の息子に仕事をまかせて、ゆっくりしたらいいと思うんですが……。どうしたらいいでしょうか？

メバルハル子さん（66歳・千葉県・鮮魚店）

商売をしていくうえで、問題がなければ放っておけばいいんですよ。たぶん、本人は悠々自適な生活よりも働いていたほうがいいのでしょう。

ただ、天皇陛下が〝生前退位〟のお気持ちを示しましたが、その思いがすごく理解できました。今、68歳のオレでもボケボケしてきて、仕事にも支障が出ています。

オレは軽度認知障害と診断されてから、1年半ほど片手でお手玉を投げて、もう片方の手はハンカチを振るような訓練を何度もしていました。今は、前日の行動を聞かれても答えられるように回復してきましたけど、それでも80歳になったら、かなり大変だなと思います。

とはいえ、サラリーマンや公務員と違って定年退職のないオレは、テレビ局から仕事の発注がある間は、いくつになっても働こうと思っています。そういう意味では、道具ひとつで、手に職を持っている職人は、生涯現役で働けるのでうらやましいと思いますよ……って、あれ、オレ、漫画家だった！　忘れてた!!

A　仕事の発注がある間はいくつになっても働いていい

Q

会社の女性の部下とうまくコミュニケーションが取れません。接し方というか、どのようにしたら蛭子さんのように年下の女性から慕われるか教えてください。

キーカンさん(48歳・大分県・会社員)

この前、タレントの橋本マナミさんが走ってきて「おなか触らせてください！」と。彼女は「好きな男性のタイプは蛭子さん」とか「蛭子さんに抱かれたい」と言ってくれています。また鈴木奈々さんも慕ってくれています。それでもオレは、自分がモテていると勘違いはしません。だって異性というよりも、変わった動物のような感覚で好意を寄せてくれているだけですから。

あと、2人とも威張ったりするような強い男性よりも、自分が主導権を握っていたいタイプですよね。もしあなたが、強くて、部下にバリバリ仕事させるのが、カッコいい上司像と思っていたら間違いですよ。そもそも、女性の部下は、上司を人間とは思ってくれません。コミュニケーションが取れるわけがないんですよ。中途半端なことをするよりも、どちらかに偏っているほうがマニアは喜ぶように、加齢臭をぷんぷん漂わせたり、まったく頼りにならなかったりするような上司を目指せばいいんです。いつか慕ってくれる女性が現れると思いますよ。

A

カッコいい上司よりマニア受け上司を目指せ

Q 新プロジェクトでチームを組んだ上司は仕事もバリバリできて憧れていた女性。でも、一緒に仕事をすると、部下への当たりもきつくて口も悪い……もうこの上司から離れたいです。

三代っ子さん（27歳・宮城県・会社員）

今年、とても残念なことのひとつが、競艇で現役最高齢の加藤峻二選手が引退したことです。73歳までボートに乗っていた加藤選手はとにかくスタートが速いんですよ。オレもすごく好きで、いつも応援していたんですよ。好きすぎて、彼を研究して、毎回、彼の舟券を買っていると、今度は欠点も見えてくるんですよね。〝インの攻めがユルい〟とか〝コーナーで膨らみすぎ〟とか。とくに加藤選手に賭けても負けたりすると、好きにならないほうがよかったとさえ思ったことも。人を好きになったり、関心をもつようになったりしたら、その人の「短所」も見えてくるんですよね。

だから、オレは人に〝真の姿〟を求めません。まして仕事でつき合っている人を尊敬するとか〝本来の姿〟を求める必要ありませんよ。

期待することも憧れることもなければ、失望することだってありません。他人は、自分に都合がいいかどうか。オレにとって尊敬できる人は、競艇で勝たせてくれる選手だけです。

A オレにとって尊敬できる人は競艇で勝たせてくれる選手だけ

Q

入社2年目ですが、商品開発チームの一員に！　先輩たちと一緒で不安もありますが、前を向いてがんばっていきます!!　チームの和を乱さないようにするアドバイスをぜひください。

クネ子さん（24歳・愛知県・メーカー勤務）

A　仕事ができない人がいるおかげでうまくいくことだってある

やる気を出さないことです。リーダーがいるはずですから、その人の言うことに従って、動いていればいいだけ。あとは、前なんか向かずに、気配を消しておけばいいと思いますよ。たぶん、あなたに求められているのは、アイデアではありません。チームには、仕事ができない人がいると、ほかの人が「オレが頑張ってやる」となって、逆にうまくいくことがあるんですよ。

漫画家は基本的に、一人で作業していきますが、『アックス』という雑誌で、漫画家の根本敬さんがストーリーをつくって、それに合わせてオレが絵を描くという合作漫画を連載しています。最初は、根本さんが「最近の蛭子さんはダメだ。もっと漫画を描くべきだ」ということで、オレが苦手のストーリーを根本さんが考えてくれることになったんですが、はっきり言って面倒くさいです。テキトーに描いています。でも、最近、根本さん自身が生き生きしてきたような気がします。オレが嫌々描いていると、逆に根本さんがすごくやる気になっていくみたいです。

Q

学歴コンプレックスで悩んでいます。僕は専門学校卒ですが、会社の同僚は大学卒ばかり。仕事は同期よりもできますが、学歴が理由で出世コースから外れてしまう気がしています。

カットシさん（25歳・大阪府・会社員）

オレの兄貴は中学を卒業したら、当たり前のようにすぐに漁師になりましたが、オレは高校まで行かせてもらったんですよね。でも、東京に出てきたときは「大学はどこ？」とよく聞かれて、いつも引け目に感じていました。とくに出版社の人は高学歴の人が多いんですよね。そんな編集者は、漫画ですごく悲惨な殺され方をする役として描いて、劣等感を紛らわせていました。

そんなコンプレックスが消えたのは30代後半。テレビに出るようになって、食えるようになってからです。だからなんでも解決するのはお金なんですよ。あなたも学歴のことを考えずに、まずは仕事を頑張ればいいと思います。ただ、その仕事がそんなに稼げないのなら、辞めるなり方向を変えるなりしてもいいんじゃないですかね。ちなみに中卒の兄貴ですが、公共事業で橋ができることになり、100万円で建てた家が1千200万円で売れたそうです。人生何があるかわかりません。それにしても、うふふふ……家って100万円で建てられるものなんですね。

A 最後に勝つのは高学歴より高収入

Q

営業のノルマが達成できないときは、上司からネチネチ言われます。サービス残業も当たり前。正直、ブラック企業だと思います。こんなブラックな会社は辞めるべきでしょうか。

さっちんさん（30歳・千葉県・会社員）

ニュースでもブラック企業とかブラックバイトとかよく聞きますよね。ただ、オレは、ブラック企業かそうでないかは、本人が決めることじゃないと思うんですよ。働いても給料が出なかったり、上司が暴力をふるったりするのは、警察や労働基準監督署が取り締まること。そこに訴えればいいだけです。サービス残業は違法かもしれませんが、安易にブラック企業だと愚痴るのはおかしいと思います。我慢して働いたほうがいいですよ。

そもそもこの世に、楽に稼げる仕事なんてありませんよ。オレが最初に就職したのは看板店で月給は8千円。働く時間も社長の気分次第。残業代なんて発想もありませんでした。でも、お金を稼ぐためには仕方ないと我慢して働いていました。社長や上司の言うとおりに仕事をこなしていればいいんです。『ローカル路線バス乗り継ぎの旅』でも、リーダーの太川陽介さんの意見が間違っているなと思うことがありますが、黙って従って、あとはバスの中では寝ていれば、お金が入ってくるんです。

A ブラック企業なんて訴えればいいだけの話

Q

40代の女性上司は、ミスをすると感情的に怒鳴ってきます。強引に物事を進めるけど、朝令暮改も当たり前。言われたとおりに作成した企画書も全否定。どうつき合えばいいの？

ホッピーハッピーさん（40歳・東京都・会社員）

上司に男も女もありません。言うとおりにしていればいいんですよ。とくに女の人はこうと決めたら、絶対に変えません。しゃべりはウマいし、太刀打ちできませんよ。

オレも、女房の言うことばかり聞いています。小遣いを減らされたうえに、銀行のキャッシュカードも取り上げられてしまいました。麻雀番組『THEわれめDEポン』の優勝賞金50万円も、パッと取り上げられてしまいました。マネージャーにはご祝儀を渡したのに、優勝したオレは一銭ももらっていないんですよ。

明日から仕事で、鳴門競艇場に行きますが、資金はポケットに入っている2万円だけ。これをどう増やしていこうか必死に考えています。これまでのように10万円の資金で「1256」の〝ボックス買い〟など1レースで舟券50点を買うことは不可能。本命を絡めて2、3点買いとか……与えられた条件のなかで楽しむのはスリリングかもしれません。これからは、競艇も人生も、小さく、小さくまとまって生きていきます。

A 今は、女房に小遣いを減らされたことで頭がいっぱい

Q バラエティ番組を制作しています。視聴者から「食べ物を粗末にするな」「ツッコミはイジメにつながる」などのクレームのせいでおもしろい番組が作れず、モヤモヤしています。

ガンジガラメさん（34歳・東京都・テレビ制作会社勤務）

たしかにお笑い番組で食べ物が出てくると「あとでスタッフがおいしくいただきました」と表示されますね。本当にスタッフが食べているんですかね。クレームから始まった話だとしたら、少しやりすぎな気もしますね。

ちり紙交換やダスキンで働いていたときに、客から苦情がありましたけど、反省したふりをして謝っていました。お金を出してくれるのは客だったから土下座も平気です。テレビの場合も、制作費を出してくれるスポンサーの顔色だけ見ていればいいんですよ。スポンサーが苦情を気にしているなら、それに従えばいいだけです。それはそうと、昆虫の写真がアップになったジャポニカ学習帳が「気持ち悪い」という苦情で、表紙から消えたという話がありました。でも虫なんか世界中から消えればいいと思っているオレにとってはいいクレーム。とくにクモやカマキリなど脚が長い虫はダメですね。でも、アイツらはどんなに嫌がられてもどこ吹く風。オレも人から「キモい」と言われても、まったく気にしません。

A 大事なのは、プライドよりお金をくれる人の顔色

Q 私は見た目が辛気くさい顔をしているので、やる気があるのに〝嫌そうに仕事している〟と思われ、早く手を動かせば〝やけくそで仕事している〟と思われます。どうすればいい？

さおりさん（38歳・大阪府・清掃業）

考えすぎですね。人はそんなにあなたのことを考えたりしていませんよ。直接言われたわけじゃないんですよね。もしかしたら〝手が早く動かせるスゴい人〟と思われているかも……ウフフ。それなのに他人がどう思っているか想像して、勝手に不安に思っているだけですよ。そもそも、人の心のなかを推測するなんて無意味なことだと思いますね。それが当たっていたとしても、そうじゃなくても、ただむなしいだけですよ。

どこかで、さおりさんは、いつか誰かが自分をわかってくれる、と思っているんですよ。でも、そんなことはないと思いますよ。自分は、人から理解されるわけがない、と考えていたほうが楽です。それに、辛気くさい顔かどうか決めるのは他人ですよ。

競艇場には〝予想屋さん〟がいますが、オレは自分の物差しで勝負したいので、あまり参考にはしません。もう少し、自分を信じてみればどうですか。それにしても手を早く動かすと、やけくそって……プッ。

A 自分をわかってもらおうなんて考えないほうが楽

Q

ゲームセンターのメダルゲームが好きで、ここ10年毎日、仕事前に1、2時間遊んでいます。先月、子どもが生まれましたが、やめられず。このままではいけないと思うのですが……。

ぷっさんさん（44歳・静岡県・自営業）

メダルはお金に換えられないんですよね。これは愚かだけど……、やめられない理由もすごくわかります。でも自営業ならいいんじゃないですか。仕事以外で夢中になるものがないと、人間は生きていけませんから。

オレも看板屋に勤めていたときは、仕事が終わったら毎日、パチンコ店に寄っていました。パチンコをしないと、その日、仕事をした気にならなかったほど。仕事中も〝今日はあそこの店に行こう〟と考えていました。その当時の日給が300円。それで40分から1時間くらい遊べましたが、ときどき勝つんです。「打ち止め」が千600円で、日給の5倍！　これはやめられませんよ。

あなたも毎朝、ゲームセンターに行くのをルーティンにすればいいと思いますよ。ちなみにオレの朝の決まり事は、コーヒーを飲みながら『デイリースポーツ』で競艇の結果を見ること。その後に、誕生月占いで、10月を見るんですけど、いつも運勢が悪いんです。どうにかしてくださいよ、デイリーさん！

A 「ゲームセンターで遊ぶのも仕事の一環」と思えばいい

Q 私の彼は、自己啓発本を読んで、それを実践することが成功の近道だと思い込んでいますが、出世する気配は皆無です。蛭子さんには成功する秘訣や習慣などはありますか？

レモンさん（32歳・東京都・会社員）

成功って、何ですか？　金を得ることが目的だったら、一生懸命働くか拾うかしかありません。下を向いて歩いていていても落ちていないし、働いたほうがいいだけですよ。

オレなりの成功の秘訣は、出世したいと思えば、出世欲を捨てることです。出る杭にならないことがいちばん。テレビでも、前に前に出る人は、いつのまにか消えていきます。目立つことをしたり、いろいろ意見を言ったりする人は、上から見たら、扱いにくい面倒くさいヤツなんです。それよりじっと上の言うことを聞いていれば、いつか誰かが引き立ててくれるもの。それに、成功するために、本を読んだりセミナーに参加したりする人も多いようですが、何かを成し遂げた人よりも、競艇場にいるおじさんを見ていたほうがよほどタメになりますよ。たとえば、無料でお汁粉が配られるイベントがあるんですが、量が多い、少ないで文句を言うおじさんより、黙ってじっと並んでいるおじさんのほうが、お汁粉の量は確実に多い。よそう人は、見てないようで、しっかりと人を見ているんです。

A 人生に成功する方法は、競艇場にいるおじさんから学べ

Q

夫は「デキる男はうまくいく」とか「デキる男の7つの習慣」などビジネス書を読んでいますが、うまくいくかどうか……。「デキる男」って何？

ミポロンさん（38歳・広島県・パート）

おもしろい旦那さんですね。この人は、金持ちになりたいんですよね。いつか成功したいと思っているなら、見守っていればいいですよ。「デキる男の習慣」って本を読んでもデキる男にはなれないと思いますよ、へへへ……。

とにかくオレは、デキる男ではありませんね。というのも、オレは頭が悪いんですよ。クイズ番組でもダメだし、トーク番組でも気の利いたコメントを切り返すことができません。だから、頭がよさそうな人にはかないません。土田（晃之）さんとか平成ノブシコブシの吉村（崇）さんなどセンスあるコメントを話せるような人がうらやましいですよ。そういえば、テレビ番組の収録中に、オレがちょっとウトウトしていると皆から怒られます。でも、『秘密のケンミンSHOW』に出たとき、みのもんたさんは収録中に寝ていても、誰にも注意されませんでした。目を覚ましたら、あとは食べるだけ……。それでギャラ2本分！　オレにとってのデキる男とは、番組の収録中に寝ても、誰にも怒られない人です。

A

「デキる男」とは、収録中に寝ても怒られない人

Q 蛭子さんと同年代（の男）です。ボケもなく、働き続ける意欲もあり、職場の人との関係も円満でしたが、再雇用の声がかかりませんでした。なぜなのか、いまだに腑に落ちません。

暁の各駅停車さん（68歳・埼玉県・求職中）

A 高齢化社会に生半可の優しさはいらない

自分ではボケてないと思っていても、たぶん気づかないうちに失敗をしていたんですよ。オレも、テレビの収録で同じ話を何度も繰り返してしまうことがあります。そのときに、まるで初めて聞くようにしてくれる人がいます。でも、それではボケが進んでいきますよ。

その点、有吉弘行さんの場合は、「さっき聞いたよ！」と。厳しいからオレも緊張します。有吉さんとは、彼が再ブレイクする前に、テレビ東京の『アリケン』という番組で一緒でした。頭をたたかれたり「バカ」と言われたりもしたけど、オレは「有吉さん、有吉さん」と言っていたんです。彼は善人の顔をしているし、なんかかわいかったんですよね。それを感謝しているのか、最近はすごく活躍している有吉さんですが、今でも番組に呼んでくれて「えびちゃん、えびちゃん」とおもしろくいじってくれます。毒舌キャラといわれていますが、ああ見えて実は優しい。高齢化社会には、ただ優しい人より、有吉さんみたいな人のほうが必要なのかもしれません。

Q

お世話になった先輩が、別の生保会社に転職し「一緒にやろう」と誘われています。尊敬できる先輩についていきたいけど、今の職場にも愛着があり、迷っています。

宣チャンさん（28歳・大阪府・保険会社勤務）

どっちも一緒ですね。深く考えないほうがいいですよ。それにオレがいい回答してくれるとでも思っているんですかね。その判断力がそもそも劣っているというか……。

SMAPが解散するかしないかで騒いでいたとき、キムタクの奥さんが「あんたはやめんほうがいい」と言ったようですが、もしそれが本当ならすごく現実的で偉いなと思っています。人に恩義を感じることも大切かもしれませんが、給料を払ってくれるところが大事なんです。

オレもテレビに出始めていたころ、事務所の分裂騒動があったんです。分裂してできた別の事務所にはオレをテレビに出してくれた恩人がいました。でもオレは元の事務所にとどまることにしました。担当マネージャーが残ると言ったからで、とくにためらいはありませんでした。

仕事をしていて迷うというのは甘えです。仕事をするときは、給料の出どころだけを向いていればいいんです。恩義とか、やりがいだとかは、どうでもいいこと。お金だけ考えて働けばいいんですよ。

A 仕事において大事なのは給料の出どころだけ

Q

飲料メーカーの営業マンです。お得意先の酒屋さんから、突然、担当者を代えてくれと……。トラブルもなく良好な関係を続けていたのに……。モヤモヤした気分が消えません。

ドナルド・花札さん(32歳・京都府・会社員)

働いていれば、理不尽なことはいっぱいあります。それをいちいち落ち込んでいたら大変。たぶんあなたは何かやらかしたんでしょう。まあ、反省も必要ですが、悩みすぎないほうがいいですよ。次から頑張ればいいだけです。

オレは、松本人志さんの『ワイドナショー』に出演したことがあります。松本さんは『ローカル路線バス乗り継ぎの旅』を楽しみにしてくれたり、番組で人生相談の本を取り上げてくれたりと、どこかオレに期待して、声をかけてくれたんだと思います。でも、その後、まったくお呼びがかかりません。たぶん、オレが競艇やパチンコの話しかしなかったからでしょう。収録後、松本さんも「ギャンブルのことだけやな~」と笑っていましたから。確かに、日曜の朝の番組でギャンブルのことばかりはまずかったかなと反省しましたが、何かを直そうとか、それ以上追究して考えたりはしません。正しい答えなんて、ずっと探し求めてもだいたいわからないまま。知らないほうがいいことだってありますしね。

A うまくいかなかった理由はわからないままでいい

Q

生魚が嫌いです。それなのに接待相手が指定してきたのはおすし屋さん。最後までおすしに手をつけなかったことを接待後、上司に怒られました。蛭子さんだったらどうしますか？

みっぴーさん（32歳・愛知県・会社員）

オレもすしは苦手ですね。マグロのトロはなんとか食べられますが、皮のついた魚は無理。とくにコハダは、ウロコが銀色に光っていて、とても食べ物とは思えませんよ。あれをうまい、という人を絶対に信用しません。

それでも仕事だったら無理してでもすしを食べるべきだと思いますよ。オレは、ロケ番組で好きなものを選んでいいと言われているから、海の幸が有名な場所でもカレーやカツ丼を注文しているだけ。ディレクターから命令されたら、お金のためですから、すしでも刺身でもなんでも食べます。ただ、おいしそうに食べられないから、そんな仕事が来ないだけだと思いますよ。

娘が作る料理には、生魚や納豆などオレが嫌いなものが出てきます。それも全部食べるようにしています。そうしたら、けっこう食べられるものが増えてきたんですよね。だから、最近はすしも大丈夫な気もしてきています。ただコハダだけは……。コハダなんか、この世からなくなればいいんですよ。

A

コハダをうまいという人は信用できない

Q

部下を怒るとき、カーッとして、つい声を荒らげてしまいます。言いすぎてしまい自己嫌悪に陥り、後輩とも微妙な空気に……。上手な怒り方を教えてください。

ベイカー摩周子さん(42歳・兵庫県・OL)

上手な怒り方を聞かれても、オレがキレたのは30年以上前のこと。「サラダが来ていないよ!」と、ファミレスで怒鳴って以来、怒ったことがありません。怒っても楽しくありませんからね。この前、ハワイに行ってきましたが、オレが着ていた「しまむら」のTシャツを見て、現地の人がゲラゲラ笑うんです。Tシャツにはニューヨークの地下鉄の案内図が描かれているだけで、なぜ笑われたのかわかりません。けど、人に笑われてもオレはキレません。笑ってくれて嬉しかったくらいですよ。

キレるといったら、豊田(真由子)議員が元秘書の人に放った暴言が話題になりましたね。確かに彼女は言いすぎかもしれないけど、死んだ女房も今の女房も、競艇に行ってばかりのオレに、すぐにキレていたから、女性はみんな豊田議員みたいな一面があると思っています。

そもそも部下に好かれる怒り方などありませんよ。上手に怒るとか、感情をコントロールするなんて、気持ち悪いからしないほうがいいですよ。

A 女性はみんな豊田議員みたいにキレるもの

Q 上司へのごますりがうまい同期入社のライバルが気になります。営業成績の売り上げは僕のほうがいいのに、彼が営業リーダーに選ばれそうで、落ち込みます。

ゴロリアンさん（28歳・東京都・会社員）

へえ～、営業成績がいいのに、リーダーに選ばれないんですか、フフフ。そもそもリーダーなんてなりたいものですかね。オレもダスキンで働いていたときは地区リーダーでしたが、部下はアルバイトの2人。それでも面倒なだけでした。ライバルを気にしていないで、自分のどこに問題があるのか探してみたらどうですか。

とはいえ、今のオレにとって、ただ者ではない相手が「ひふみん」と呼ばれている将棋の加藤一二三さんです。ひふみんは、芸能界でオレと〝おじさん枠〟を争うライバルの中で、今最も勢いがある人。梅沢富美男さん、具志堅用高さんと並んで、敵に回すとコワい存在ですね。ひふみんが出てきたとき、テレビの仕事が減るんじゃないかと焦ったし、オレも将棋を始めたほうがいいかと真剣に思いました。でも、30代のマネージャーに「自分を変えようとしないで、自分のいいところを伸ばしましょう」と諭されました。少し恥ずかしいですが、やはり気になります。オレのいいところってどこですか？

A 〝芸能界のおじさん枠〟を争うひふみんはコワい存在

Q

家電メーカーの修理の電話受け付けの派遣社員です。同僚のA子さんは、1時間に一度は、たばこ休憩に出て10分も戻ってきません。同じ時給で働いているのに不公平だと思いませんか?

メロさん(42歳・神奈川県・派遣社員)

たしかに不公平かもしれませんが、あなたは、自分の仕事さえしっかりしていればいいと思いますよ。他人のことを気にしたり、考えたりしないほうがいいですよ。仕事といえば、最近、CMの依頼が3本も入ってきました。CMは、テレビや漫画と違って、一度の撮影で終わり、ギャラも格別だから理想的な仕事です。これからはCMタレントとして生きていくことがオレの夢です。

でも、オレの前に、大きな壁となっているのが、リリー・フランキーさんです。リリーさんはたくさんCMに出ていますよね。しかも、俳優としても、映画にたくさん出ていて、演技がウマいなと感心してしまうほど。彼はもともとイラストレーターですが、オレが勝てるとしたら漫画くらい。CMタレントとして活躍するため、笑顔を絶やさないなど、イメージチェンジをして、リリーさんよりも好印象なタレントになることが求められています。最近はリリーさんに勝つことばかり考えています……あ! 他人のことはやっぱり気になりますね。

A CMタレントとして生きていくのがオレの夢

Q

就職活動15連敗中です。面接を受けても、受けても内定が出ません。もう自分が何の仕事に適しているのかさえ、わからなくなってきました。助けてください、蛭子さ〜ん！

カツ大好きさん（21歳・東京都・学生）

この人は、面接のときに身だしなみを整えているんですかね。貧乏くさい人は、企業側も考えますからね。とにかく面接に行くときは歯を磨いたほうがいいですよ。

オレの場合、高校卒業したときに、看板屋しか選択肢がなかったから、就職活動の事情はよくわかりませんが、あなたが連敗する原因は高望みだと思います。しかも、自分を身の丈よりも大きく見せようとしているんじゃないですか。たしかに、仕事によって人生は大きく変わるから、後悔したくないですよね。オレも看板屋に就職したときは、地元のテレビ局に勤めた友達をうらやましく思っていました。でも、今は、オレのほうが豊かに、楽しく生きている。だから人生はわかりません。そもそも働くために就職活動するのはへんだと思うんです。オレがダスキンの営業マンやちり紙交換で働いたのは、大好きな競艇に行きやすかったから。あなたも働きたい会社ではなく、仕事以外で何をしたいのか考えて、それが実現できる職場を探したほうがいいですよ。

A 仕事以外で何をしたいのかをまず考えるべき

Q

働いていた小さな流通会社が、吸収合併で大企業のグループ会社に。給料はいいけど、部下は大卒のエリートばかり。居づらいし出世できないし、辞めようかなと……。

オスプライさん（42歳・神奈川県・会社員）

この人は、どんな回答を期待しているんですかね。オレは、大企業でも小さな会社でも、不平不満を言わずに働いたほうがいいと思っています。不満なら「給料が高い」というい い点と「後輩が嫌だ」などのダメな点をハカリにかけて自分で判断すればいいだけですよ。

オレは、仕事に優劣をつけませんが、CMだけは別。ギャラが別格ですからね。漫画のアイデアは浮かびませんが、CMに出られるとしたら、アイデアが湧き出てきます。オレが考えているのは、ビジネスホテルなら「東横イン」、アイスなら井村屋の「あずきバー」、洋服は「しまむら」、あとは、ロイヤルホストの「ミックスグリル」のCMのこと。「あずきバー」を食べながら、競艇の予想をしているなんてどうですかね。「ミックスグリル」のいろんな肉……、チキンとハンバーグ……あと、なんでしたっけ？ あ、鶏肉だ！（マネージャー「チキンと鶏肉は一緒です。ソーセージです」）。商品を間違えたら、CMタレントにはなれませんかね、テヘッ。

A 漫画のアイデアは浮かばないが、CMのアイデアは湧き出てくる

Q

金運アップになるからと、先輩から4万円の財布を売ってもらいましたが、なかなかお金が貯まりません。お金持ちの蛭子さん、金運アップのコツを教えてください。

カン吉さん（37歳・静岡県・会社員）

財布を替えると金運アップ？　オレはまったく信じませんね。ヘビ革や金色の財布を使っても、簡単にお金は貯まりませんよ。そもそも先輩のほうが、財布を売った4万円が入って金運がアップしているじゃないですか。オレは財布を買ったことがありません。だってそれを買ったぶんだけ、お金を失いますからね。その代わり銀行のATMについている封筒を使っています。無料だし、10日間くらい使って破れたら取り替えられます。とくにセブン銀行の封筒がオレにはしっくりなじんでいますね。

もし金運を上げたかったら、社長や上司の言いなりになって働くだけです。最初からゲン担ぎや縁起など考えないこと。競艇で負けるのも、運だけではなく、負ける理屈がきちんとあるんです。だから、オレは47年間、寝ても覚めても競艇の必勝法ばかり考えています。運やゲン担ぎに頼らず、現実を直視して、勝つための努力を重ねることこそ大切だと思いますよ……と言いつつ、現実には1億円以上も競艇で負けているんですけどね。

A 財布なんてATMの封筒で十分

Q 私のカレは、毎月5日、10日、25日のクレジットカードの支払い日になるとお金集めに必死に。それでも買い物や飲み代はカードで支払っています。なんとかしてほしい。

ランランさん（25歳・千葉県・サービス業）

A 競艇で負けたむなしさ、プライスレス

今日は競艇で10万円も負けたから、金の話はしたくないんですよね……。そもそもクレジットカードを使う人の気持ちがわかりません。現金を持っていれば、いくら使って、どのくらい残っているかわかるじゃないですか。お金がないのに買い物してしまうような男性とは、別れたほうがいいですよ。人間として間違っています。

だいたい、カードを使うことは格好悪いことですよ。ゴールドやブラックとか自慢げに持っている人がいますが、基本的に借金をして食事をしたり飲みに行ったりするわけですよね。ショッピングしてマイレージを稼ぐという人もいますが、そのために無駄な買い物や外食をしているような気がします。しかも利息まで払って……ウフフフ。それに競艇場ではカードで舟券は買えません。だから、今日の負けも10万円ですんでいるんです。もしカードを使っていたら、現金が消えてしまうときの、このむなしさもありません。胸にぽっかり穴があいたような気持ちが、今度は勝つぞと思わせてくれるんです。

Q

夫は、飲み会があると、いつも人におごりたがります。お酒で気分が上がるようで、友人のぶんまでお金を出してしまうことも……。これから教育費もかかるので、どうにかしたいです。

ミセス・カーモンさん(33歳・愛知県・主婦)

おごってさえいれば、人から好感を持たれると思ってしまうんでしょう。そんな性格を変えるのは難しいですよ。まあ、クレジットカードを使ったり、人に金を無心したりするなど、借金してまで人におごっていないのならいいじゃないですか。生活費とか教育費は、あなたがしっかり確保すればいいだけ。大変でしょうけど……ウフフ。

人にごちそうするなら、相手を見極めておごったほうがいいと思いますけどね。オレの場合、相手によって自分が金を出すかどうか判断します。たとえばビートたけしさんや明石家さんまさんだったら(飲食代は)おまかせします。有吉(弘行)さんは儲かっているから出してもらいます。松村(邦洋)さんやダチョウ倶楽部さんだったらオレが会計します。漫画家だったら、みうらじゅんさんは割り勘で、根本敬さんは、お金になるような仕事をしていないのでオレが支払うでしょうね。リリー・フランキーさんはイラストの仕事はしていませんが、CMにたくさん出て儲かっているからおごってもらいます！

A

おごるかおごってもらうかは人を値踏みしてから決める

Q

知人が、母親が末期がんで大変だと言うので、借用書なしで、お金を貸しました。今、返済を求めたら「好意でくれたものを、いまさら返す気はない」と強気です。どうすればいいですか？

白ネコさん（45歳・岩手県・主婦）

たしかに、この相手はひどいけど、諦めたほうがいいかもしれません。オレもテレビに出始めたころは、金を貸してくれとよく言われました。そんなときは、相手が言う額の半分くらいを貸していました。その金のほとんどは戻ってこなかったし、貸した人も離れていきました。

オレは、しつこく取り立てることはしません。「金を返してよ」というのは、すごく面倒なことだし、それで自分の時間を取られるのが嫌なんです。借金をしている人が「苦しい、苦しい」と言いますけど、金を貸している人のほうが、よほどつらいと思いますよ。毎日のように、「返して」と言い続けなければ、ならないんですから。

この前、競艇場で負けたオレは、マネージャーに580円の「やきそば」の代金を出してもらいました。でも、それから毎日、「やきそばをおごりましたよね」と。オレが忘れるから、言い続けたようです。だから、今日、780円の「肉野菜炒め定食」をおごりました。貸し借りというのは面倒なものです。

A 金を借りている人より貸している人のほうがつらい

Q

国民年金を払いたくありませ～ん。いつ死ぬかわからないし、国もいい加減な運用をしていて、オレが受給するときに支払われるかどうかも心配。蛭子さんならどうしますか？

ザワチン太郎さん（43歳・フリーライター・千葉県）

あれ？　オレもフリーだけど、国民年金を納めているのかな。お金のことは女房にまかせっきりだから。でも税金とか払っていたし、督促状とか来てないから、年金は支払っていると思いますけど……。というか、オレ69歳だから、納めるよりも受け取る側の年齢だ！　でも、年金もらっていないんですけど、オレ‼（マネージャーが「奥さんが管理しているはずです」と）

まあ、死ぬことなど考えずに、老後のことを考えて、一応年金に入っていたほうがいいと思いますよ。

オレの兄貴は年金で暮らしていますが、長崎に帰ったときに大村競艇場で会います。兄貴は1レース100～200円ほどで楽しんでいますよ。そのときオレは1レース3万円ほどつぎこんでいましたが、兄貴に悪くて隠れて舟券を買っていました。「いくら買ったの？」と聞かれても、庶民のふりをして「2千円」と……。そんなオレも今は、女房に小遣いを絞られて1レースに使えるのは2千円だけ……。こっそりオレの年金もらえないものですかね。

A　女房に小遣いを減らされたので年金を競艇の資金にしたい

Q 旦那が大のギャンブル好きで困っています。競馬、一口馬主、麻雀、パチンコとギャンブルばかり。私にもその魅力を教えてきますが、その楽しさがまったくわかりません。

中夏輝さん（26歳・東京都・主婦）

ギャンブルをしている人は、少しでもお金を稼ごうと努力している人なんですよ。遊んでいるのではなくて、パチンコでも競馬でも競艇でも、常にお金を増やそうと頑張っているんです。休みの日に家でゴロゴロせずに、わざわざギャンブル場まで行って〝仕事〟をしていると思えばいいんです。休日にスポーツや読書など稼げないことをやって何が楽しいのかと思ってしまいます。

たしかに予想が外れて負けることもあります。でも、好きで損をしているわけではないんですよ。会社の経営も、さらなる利益を得るためにリスクを負ってチャレンジしますよね。結果として企業も投資をして損をしたり赤字を出したりすることもあります。それと一緒ですよ。

注意することは借金をしてまでギャンブルをしないことです。夫婦の間でギャンブルで使える金額を決めてもいいでしょう。そのうえで自分の持ち金で勝負しているのなら、あなたの旦那さんは怠け者ではなく、どんなときでもお金を稼ごうとしている立派な方だと思います。

A ギャンブルは遊びではなく、お金を増やすための〝仕事〟

Q

私立高校1年と公立中学2年の2人の娘がいますが、お金が苦しいので、下の娘には、私立への進学を諦めてもらおうかと思っています。どう説得すればいいでしょうか？

ゆゆか〜さん（41歳・埼玉県・主婦）

「金がないけん、公立へ行って」と言えばいいだけじゃないですか。2人とも私立に行かせられないことがつらいんですかね。金がないことを子どもに言えないのは、そもそも貧乏が恥ずかしいということがあるんですよね。

オレは40歳までずっと貧乏でした。26歳で長女が生まれたときも貧しかったから、まずは「どうしよう」と考えて、ちっとも嬉しくありませんでした。

それでも、貧乏が恥ずかしいとか、つらいと思ったことがありません。2人の子どもにも、オレは稼ぎが悪いと正直に話していたし「金がないから我慢しなさい」と、よく言っていました。そのころのオレはちり紙交換をしていましたが、それを子どもたちに隠しませんでした。あえて言うと、日当で金がもらえたから毎日が給料日。金を持って家に帰れることが誇らしかったくらいです。家族を路頭に迷わさなければいいんですよ。貧乏を自慢することはないけれども、卑屈になることはいけないことだと思いますよ。

A

貧乏は恥ずかしいことじゃない。卑屈になるのがよくないだけ

Q

舛添都知事は日本の首都のトップなのに、政治資金で温泉旅行に行ったり、回転ずしを食べたり……。こんなケチくさい男は嫌。蛭子さんが都知事になって！

ガールズトークさん（34歳・東京都・派遣社員）

政治の世界は、まったく興味がないから、都知事なんてまっぴらです。それにしても、舛添（要一）さんは確かにセコいですね。旅館に泊まるにしても、外食するにしても、自分で稼いだお金を使うから、楽しめると思うんですよ。たとえば、オレが競艇をやるときに、「はい10万円で遊んでね」と、誰かからお金を渡されても、ちっとも楽しくないですよ。自らが稼いだお金が増えたり、減ったりすることで、ハラハラするわけですから。

ただオレは、ケチくさい人は嫌いじゃないですよ。競艇場でも目にしますが、大の大人が10円や100円ぐらいでムキになるのは人間臭いと思っています。オレは、平和島のボートレース場では、3千円のロイヤルルーム（有料席）を使います。そこの席は、フリードリンクなので、いつもコーヒーを5杯飲んで、なんとかして3千円分の元を取るようにしています。都知事の場合は、ケチというより、お金に汚ないだけ。あまり人間的な魅力も感じない。どうでもいいですね。

A 人のお金で遊んで何が楽しいの？

Q

夫は健康食品オタクです。オル●チン、にんにく▲黄、青汁などいろんな健康食品を購入しています。運動や食事にもっと気を遣えばいいのに、お金だけが消えていきます。

¥ジェルトキコさん(56歳・岐阜県・主婦)

旦那さんは〝死んでも健康になりたい〟という人ですね。「もういいや」と思うまでやらせるしかありません。これは宗教みたいなもの。痛い目を見ないと直りません。よく「成功する秘訣」みたいな本がありますけど、本を書いた人はまだいいけど、それを読んで〝オレもそうするぞ!〟と振り回されるようなダメな人と同じですよ。オレは、健康食品を購入したことも興味もありません。あれはテレビの宣伝ですからね。夏バテ予防にウナギを食べる人がいますが、スタミナ食も信用していません。そもそもウナギを食べたいと思ったことがありません。

オレの健康法といえば、歩くこととサラダバーで野菜を少し多めに摂るくらい。基本的に、好きなものを食べていたほうがいいと思っています。ラーメンとカレーライス、あと肉さえあれば問題ありません。

ただし、健康食品のCMの出演依頼が来たら話は別です。毎日、その食品を食べて元気になります!だってギャラがいいみたいですからね、へへへ……。

A

CMの出演依頼が来ない限り健康食品は食べない

Q

蛭子さんは、宇宙の果てはどうなっていると思いますか？ それを考えると怖くなってしまいます。あと宇宙人はいると思いますか？ ボクは宇宙人と話をしてみたいです。

ともクンさん（8歳・福岡県・小学生）

うーん、はっきり言ってどうでもいいですね。たぶん永遠に無の空間が続いているんでしょうね。でも確認できることではないので、考えるだけ無駄ですよ。

あと、宇宙人ですか……。最近、ＮＡＳＡが、宇宙人がいるとか、地球に似た星が見つかったとか発表していますが、オレは疑っています。すごく遠いところの話で、誰も見ることができません。研究をするための資金集めのために、突拍子もないことを発表しているんですよ。

オレは、宇宙人はいないと思います。宇宙人だけでなく、オバケや霊感も世の中にはないと考えています。だから、なにか迷ったことがあると〝霊感がある人に見てもらう〟という人がいますが「あなたは、お金をだましとられているんですよ」と教えたくなります。

ただし、宇宙人やオバケを扱ったテレビ番組に出演したときは違います。ギャラが出るのですから、宇宙人もオバケもいると信じるようにします。宇宙人がいるかどうかは、お金次第です。

A 「宇宙人はいる？」の答えは、ギャラが発生するなら「いる」

Q

彼女を〝金持ちリーマン〟に寝取られました。金を稼いだ者が成功者という世の中。金を出しても買えないものってあるんですか？金さえあれば、人の心だって買えますよね！

ボンビー鈴さん（19歳・福岡県・学生）

明日、久しぶりに平和島競艇場に行きますが、今朝、電子マネーの「Ｓｕｉｃａ」を落としました。7千〜8千円も入っていたんです。ただでさえ小遣いを減らされているのに……。あれがあったら3レースは遊べましたよ。憂鬱な気分だから、あまり相談は受けたくないですね。

19歳の男性の悩みですか……。オレが19歳のときは、法律で20歳になるまで競艇ができなかったから、ずっと我慢する日々を過ごしていました。ようやく誕生日に競艇場に行きましたが、あの感動と興奮は今でも覚えています。そして、何歳になってもブレずに競艇を続けようと決心しました。

あなたが、自暴自棄ではなくて、人生、金がすべてと思っているのなら、それをずっと貫けばいいんですよ。人の心も金で買えると考えているなら、その信念を貫き通せばいいだけです。人からどう思われてもいいじゃないですか。オレは、金で他人の心は買えないと思っています。ただ、明日の競艇で遊ぶお金を出してくれるなら、オレの心なんて売っちゃいますけどね……テヘッ！

A

人の心はお金じゃ買えないが、オレの心はお金で買えます！

「笑われる」心得4

〝お金〟には素直にひれふそう。

「ギャラが出るなら、なんでもやります」

競艇、パチンコ、映画――。なにはともあれ、自分の時間ができたら、自由に考えて行動したいんです。それを実現するためには、自分のお金が必要です。働かなくても、自由に使えるお金があればいいですけど、そんな余裕はありません。稼がなければいけません。言ってしまえば、働くことは、あくまで目的のための手段。オレにとって仕事は雑務に過ぎません。

そんな雑多なことをこなすときに、プライドを持つ必要はありませんよ。こだわりなどまったく不要です。

稼ぐことだけ、と割り切れば、命に関わる仕事でない限り、どんなことでもできます。

たとえば、旅番組のロケでディレクターから「刺身を食べてください」と言われたら喜んで食べます。ギャラをもらえるんですから、普段なら、見るだけでも寒気がするコハダやウナギも「おいしい、おいしい！」と、口いっぱい頬張ることだってできますよ。

実際、タイ国に行ったロケでは、コオロギみたいな虫を食べさせられました。オレはすべての虫が苦手で、この地球上から消滅してしまえばいいと思っています。でも、出演料が出るなら、苦手などと言っていられません。バリバリ食べます。

オレは、幽霊を見たことがありません。オバケの存在も疑わしいと思っています。オレが信じているのは、高校生のときにやったコックリさんだけ。それ以外の心霊現象は、まったく信用ならないものですよ。

ＵＦＯや宇宙人にしても、眉唾だと思っています。というか、オカルト的なものは、オレにとってはどうでもいいことです。

でも、幽霊や宇宙人をテーマにしたテレビ番組に出るときは、その存在を信じます。ギャラが出るんですから、オカルトでもなんでも怖がったり、驚いたりすることができます。

自分の思想や信条も出演料が出るなら、変節することも厭いません。そもそも、思想や信条は、そんなに大事なものですかね。

これまでも、パンツ一丁で熱湯風呂に入ったこともありました。ドッキリ番組で、トリモチに引っかかって、モガモガとしたこともあります。番組の企画で、ぎょう虫検査を受けたり認知症の診断を受けたりして、テレビで自分をさらけ出してきました。

すべて金を稼ぐため。ギャラさえもらえれば、なんでもできるんです。

〝楽して金を稼げる〟仕事が理想

テレビの仕事は気楽です。なにしろ基本的に台本がありますから、そのとおりに動けばいいだけです。ディレクターやプロデューサーに何か言われたら、その指示にしっかり従うだけ。「自由にやってくれ」と言われるのがいちばん困ります。

金を稼ぐわけですから、嫌なことがあるのも当然。自由がないのも当たり前です。自分を表現できなくてもかまいません。それで金がもらえるんですから、まったく不満はありませんね。

オレが「テレビの仕事は気楽だ」とか「テレビは楽して金が稼げる」と発言をして、ヒンシュクを買うことがありますが、オレの正直な感想です。人に従っているだけで金がもらえるなら気軽だし、ギャラがよくて楽な仕事が嫌いな人はいませんよ。

とはいえ、テレビだけでなく、オレは、どんな仕事でも楽天的に考えています。

漫画家になる前は、ちり紙交換をしていました。そのときも「こんな気楽な仕事はない」と思って働いていました。

会社から借りたトラックで近所をまわり、「毎度お馴染みの……」と言いながら、古新聞を集めていきますが、当時、バイトの日給が3千円だったのに、ちり紙交換は午前中働くだけで1万円ももらえました。

しかも、働いたぶんの金は、その日に支給される「当日払い」。毎日、稼いだ金を家に持って帰れたので、家族に対して、すごく誇らしかったです。

ちり紙交換は、比較的自由な時間が取れるし、一人で仕事をする気軽さもあって、オレにはとても合っていました。重い古新聞や雑誌の積み下ろしで、腰を痛めるなど体力的にキツかったけど、仕事中でも、気ままに多摩川競艇や戸田競艇に行けるんですよ。オレにとっては天職だと思いました。

オレは、漫画一本で生きていくことを決意して、ちり紙交換を辞めましたけど、働くことの目的は金のため。テレビの仕事も、ちり紙交換もお金を頂けることに違いはなく、そこに貴賤はありませんよ。「気楽だ～」と割り切って働いているんです。

すべての悩みはお金が解決してくれる

オレがいちばん大切にしているのは、自分の命です。その次にくるのはお金です。本当は、金をいちばん上にしたいくらいですが、死んでしまえば、それも使えませんからね。

とにかく、オレはお金を信じています。金がなんでも解決してくれると確信しています。

たとえば、オレには学歴コンプレックスがありました。地元長崎にいると、オレみたいに地元の商業高校を卒業して働くのは当たり前ですが、東京に出て来たころは、よく「どこの大学出ているの?」と聞かれました。とくに出版社の人は、高学歴の人が多いんですよ。

高卒のオレは、何度も恥ずかしい思いをしました。そのウップンを晴らすために、東大を卒業した人が、悲惨な死に方をする漫画を描いていました。

でも、テレビに出るようになって、金が稼げるようになると、いつの間にか、コンプレックスがなくなってしまったんですよね。金は、その人の劣等感を打ち消すぐらいの力があるんですよ。

オレは、人生相談をしていますが、その悩みのすべては、金さえあれば解決するものですよ。それを回答すれば、元も子もないから、テキトーに答えているんです。

ちなみに、オレの女房は、「神様が自分を守ってくれる」と神社仏閣を巡っています。オレは、お金が自分を守っていると信じています。将来、オレが働けなくなっても、神様は助けてくれませんが、お金があればなんとかなります。

こんなこと言うと「いや、人生は金じゃない」という人がいます。でも、今は、金さえあれば、ゆとりある生活ができるようになっています。世の中が、そんな仕組みでできているのに、金儲けを否定するのはおかしいですよ。金に執着するのは卑しいことだという風潮がありますよね。それもちょっとへんですよ。金には、とことん執着してもいいと思いますけどね。

お金の力を信じているが、使うのは〝好きなこと〟にだけ

「お金で買えないものはない」というと、あさましい人間だと思われます。それでも、人の心なんて、金でどうでも動きますよね。恋人にしても、金があったらなんとかなる時代です。生まれつきの顔や体形も、金の力を使えば、問題は解決することができますよ。

「お金で買えないもの」は、世の中を探せば、たぶんあるんでしょうけど、オレには、それが何か思いつきません。

オレは、仕事をしているときは「金があればなんでも買える」と思っています。それだけ金の力を信じていますが、かといって、貧乏だったときと比べて、自分が大きく変わったとも思っていません。

テレビに出るようになってから、漫画を描いていたころと比べても、だいぶ稼ぎが増えました。でも変わったことといえば、スーパーで価格を見ないで商品をカゴにいれるようになったことぐらい。以前までは、チラシを見ながら、少しでも安い商品を求めていましたからね。

生活水準が変わっても、新しい楽しみが増えたわけではありません。楽しみといえば、競艇、パチンコ、映画、そして女房と一緒にいることぐらいです。高いバッグや服を買うよりも、立ち食いコーナーのカレーライスを食っていたほうが幸せです。乗っている車は、あいかわらずホンダの「フィット」。一度、「レクサス」という高級車を買いましたが、車体が大きすぎて上手に運転できませんでした。車なんて、ちゃんと走れば、それだけで十分です。

腕時計は、37年前にダスキンを退社したときに、同僚からプレゼントされたもの。電池を替えながら今でもしっかり動いています。時刻が知りたいだけなので、純金やダイヤモンドがはめ込まれた時計をしている人の気持ちがまったくわかりません。

休日の過ごし方も変わりません。競艇でも、20歳でやりはじめてから今まで、1レースに何十万円もつぎ込んだことがありません。賭ける金額はいつも100円から300円の舟券。変わったといえば、いくつもの組み合わせで何パターンも買うようになったくらい。ギャンブルをすること自体が楽しいから、あまり額にはこだわっていません。

世の中には、急にお金を持つようになってから、新しいことをやりはじめたり、それまで買わなかった高級品や不動産に手を出したりする人がいます。最終的に身を滅ぼしてしまうんですが、たぶん、自分が本当に「好きなこと」だったり、「楽しいこと」を見つけられなかったんでしょうね。

オレは、稼げなかったときも、稼げるようになってからも、「好きなこと」をしてきました。「好きなこと」以外には、まったく興味がありません。自分の気分を良くするために金を使うのはつまらないものです。

「金で買えないものはない」と働いてきましたが、そもそも「買いたいもの」がオレにはないのです。

何歳になっても稼いでいたい

ギャンブルの話ばかりしているオレを見て、「お金にだらしない」とか「いつか生活が破綻する」と思っている人は多いんでしょうね。でも、わざわざ負けるためにギャンブルをやっている人がいるわけがありませんよ。

オレは、自分の持っているお金を増やしたいと思って、ギャンブルをしています。休みの日に、家のソファでボケーッとしているよりも、少しでも持ち金を増やしてやろうと、意気込んで競艇場に通っているんです。

これまでのギャンブル人生では、たしかに9割以上負けているでしょうね。金を増やすどころか、いつも減らしてばかり。でも、オレは、足腰が立たなくなるまで、競艇場やパチンコ屋に行くつもりです。

タレント、漫画家、役者など、オレはどんな仕事が来ても断りません。これからもその方針は変えません。自分が求められているうちは、何歳になっても、稼いでいたいんです。

オレが、金に固執するのは、貧乏になりたくないからです。

6歳上のオレの兄貴は、父親の跡を継いで、中学校を卒業すると漁船に乗るようになりました。漁師の仕事はすごく危険で、1カ月ぐらいかけて漁をして帰ってくると、兄貴は、いつもどこかにケガをしていました。それに地元長崎では、海の事故がとても多くて、漁師はよく死ぬんですよ。

オレの家は、代々漁業で生計を立てていました。でも、海で仕事をしたら絶対に死ぬと思っていたので、漁師になりたくありませんでした。

とはいえ、うちは貧乏だったので、金がかかる高校に、オレを通わせる余裕などありません。義務教育の中学校を卒業すれば、働かなければいけません。

姉貴も、中学校を出て、集団就職で名古屋に行きました。中学校を出たら働くものとたたき込まれていたんです。

そのときに、兄貴が「ヨシカズは、高校に行けばいい、オレが学費を出してやるけん」と言ってくれたんです。そのおかげで、オレは危ない漁師にはならずに、高校を卒業してから看板屋の仕事に就きました。

オレは、50年以上働いてきましたが、つねに「稼いでないと死ぬ」という不安があります。貧乏は怖いというのが、体に染みついているんです。だから、ギャンブルでも仕事でも、貪欲に金を稼いでいきたいんです。

ちなみに、オレの人生に影響を与えた兄貴とは、長崎の競艇場でときどき会います。兄貴は少ない小遣いでギャンブルを楽しんでいるので、軍資金がすぐに底をつくようです。

オレに会うと、金を借りようとしますが、絶対に貸しません。オレが高校に行けたのは、兄貴のおかげですが、それとこれとは違うのです。

蛭子能収のゆるゆる人生相談

「人生いろいろ」編

Q

33歳の夫の服装は、アロハに金のアクセサリーをジャラジャラ、サングラスにパナマ帽とヤ●ザみたい。ファッションセンスを変えさせたいのですが、どうすればいいでしょうか。

抹チャンさん（27歳・兵庫県・主婦）

ファッションにはまったくこだわりのないオレに相談する、あなたのセンスをまず疑いますけどね。夫が好きで着ている服がどうしても嫌だったら、一緒に出かけなければいいだけ。それか、あなたが夫に合わせて、暴力団の彼女風のファッションにすれば解決するはずです。そもそも、人のセンスを変えたいなど、あまり考えないほうがいいですよ。

ちなみにオレは、女房が大好きな「ファッションセンターしまむら」に一緒に行ったときに洋服を買っています。なぜ「しまむら」がいいかというと、オレは小学生のときから、新品のピカピカの服で友達の前に行くのが気恥ずかしくて嫌だったんです。当時、オレは貧しい長屋生活。それなのにきちんと見られるのが苦手で、買ったばかりの洋服をわざわざ汚して着ていたくらい。「しまむら」の洋服は、ピカピカな感じがしないところがお気に入りです。これだけ言えば、「しまむら」からＣＭのオファーが来るかもしれませんね。ギャラが出るなら、ファッションにこだわりのある男にだってなりますよ！

A 洋服にはなんの興味もないが、「しまむら」のＣＭには出たい

Q

夫との旅行が趣味です！　でも夫は1泊2万円とかの高級ホテル志向で、部屋で弁当やカップヌードル。安ホテルでもいいからその土地の名産品を食べたい私と口論に。どうしたらいい？

鈴カステラさん（56歳・福井県・主婦）

価値観が違う人と旅行してもおもしろくないし、離婚するぐらいの問題になるはず。「次は宿代を抑えて、ぜいたくなご飯を食べましょう」と言ってみたらどうですか。

ちなみにホテルなら、オレはビジネスホテルの「東横イン」がいちばん好きですね。高級ホテルなんて、テレビ局が用意しても、あまり泊まりたいとは思いません。

「東横イン」がいいところは、1泊5千500円程度という宿泊代の安さです。それに、ベッドからトイレに近いこと。夜中に何度もおしっこに起きるオレにとって、2、3歩でトイレに行けるのがなによりです。あとメンバーズカードを出すと、10回泊まると1泊分が無料になるのも魅力です。『ローカル路線バス乗り継ぎの旅』でもオレが「東横イン」に泊まりたがるから、太川陽介さんに〝仕事でポイントためるのはやめてよ〟と言われてしまいました。これだけ宣伝しているから「東横イン」のCMの仕事がそろそろ来ると思うんですけどね。

A

ホテル選びのこだわりはベッドからトイレに近いこと

Q　マンションの隣に焼き肉屋さんがあり、その匂いが部屋まで入ってきて困っています。朝からニンニクやゴマ油の匂いがして起きてしまうことも。どうしたらいいですか？

コムアイさん（25歳・神奈川県・水曜日のカンパネラ）

ゴマ油とニンニクの匂いなら、べつにいいんじゃないですか？　その匂いをおかずにしてご飯を食べればいいんですよ、ウフフ……。

オレは、人とトラブルになるのが嫌なので、直接、店に文句を言いません。その部屋を仲介してくれた不動産屋さんに「困っているんですよ」と笑いながら言えばいいと思いますよ。

あまりに匂いがたまらなかったら、引っ越せばいいんですけど、それも難しいですかね。部屋が気に入っているなら、匂いを我慢する。なにを優先するかで変わってきますね。

（マネージャーから「この人、有名なアーティストですよ」と耳打ちされて）じゃあ、曲を作ればいいですよ。「ゴマ油の匂いで目が覚めて〜♪」とか「私の部屋はニンニクの香りがします♫」とか。なにか嫌なことがあったら、逃げることが大切です。でも、逃げられなかったら、曲や作品などのネタにすることも悪くはありませんよ。

A　部屋に入ってくる焼き肉屋さんの匂いでご飯を食べればいい

Q

私は40歳の既婚者です。小柄で顔が童顔からか、年よりも幼く見えます。この前は、20代に見られました。どうしたら大人な女性に見られるようになるのでしょうか？

さくらさん（40歳・鹿児島県・会社員）

A 気をつけよう、自慢話は見透かされる

この連載って、まだ続いているんですか？　この前、雑誌を見たら載っていなかったから……。まあ、いいですかね。オレも同世代の人と比べると、発想とか考え方が若いから、年齢よりは下に見られているのかもしれません。というか、まったく気にしていませんね。他人と比べても意味がありませんからね。

ところで、この相談者はどこか自慢しているような感じがしないでもないですね。最近は、何かドジなことをしたりむちゃなことをしたりしたことを、インターネットを使って報告する人が多いようですが、それが、結局は自慢だったりするんですよね。誇らしげに語りたい気持ちがあるのはわかりますが、見透かされて、よけい批判されるだけ。それなら素直に自画自賛したほうがいいと思うんです。まして、こんな相談をしたら、読者から「何よ！」と思われるから、気をつけたほうがいいですよ。大人な女性になりたいなら、まず、こんな相談を『週刊女性』に送らないことです（編集部：すみません『女性自身』です……）。あれ？　そうだったっけ⁉

Q

勤務先の店主（69）が、店のトイレにボイスレコーダーを置いて盗聴しています。お客さんも老人ばかり。排泄の音くらいならと私は思いますが、何が楽しいのでしょうか。

さみんさん（55歳・福井県・サービス業）

トイレの音がたまらない、ですか……。人には、他人にわからない趣味があるから、迷惑をかけてないならと思いますが、盗聴は犯罪ですかね。だったら警察に相談したらどうですか？　それにしても排泄するときの音なら許すというあなたはおおらかですね。

あっ、この店主は、オレと同じ年齢じゃないですか。オレには、そんな性癖はありませんね。ただし、70歳近い男性には性欲がないと思っている人がいたら間違いですよ。オレは、今でも、ときどきオナニーをしています……恥ずかしいですけどね。性欲は、生きている間は持っていたほうがいいんですよ。ただし、オナニーしていることは、女房には内緒です。本当はオナニーしている場合じゃないんですよ。ちゃんと女房を喜ばせないといけないんですが、弱くなってきて……。加藤茶さんから「バイアグラはいい」と聞いたんですけど、薬に頼ってまでとも。でもだからといってオナニーに走っている自分には問題がありますよね。これはよくないなと、反省しています。

A　70歳近い男性もオナニーはする

Q

娘が、妊娠してもたばこをやめず、息子にぜんそくがあっても吸います。我が家に遊びに来たときは「金欠、金欠」といつも言いますが、それなら禁煙したらと思いますけど……。

いじわるばぁば（58歳・福岡県・主婦）

オレはたばこを吸いたいと思ったことがないから、娘さんの気持ちはわかりません。たばこは、大人ぶりたいと吸い始める人が多いと思うんですが、有害だとわかっても吸い続けるのが不思議。でも本人がいいなら、金がなくても、自由にさせればいいんですよ。

そういえば、清原（和博）さんが逮捕された覚醒剤も同じですね。中毒になって体がボロボロになるということは、誰の知識にもあるはずです。それでも弱みを他人に見せられないから、といって手を出すのなら、オレからしてみたら、「どうぞお好きに」という気がします。

クスリを使うと、力が湧いてきて、締切りは遅れないし、すばらしい絵を描けると言われても、自分の心を迷わせるクスリを使う恐怖が先に立ちます。そもそも締切りに遅れたり、下手な絵だったりしたら、担当編集者に素直に謝ればいいだけ。恥ずかしい思いをしたり、謝ったり、弱みを見せたりすることなんて、人生では、そうたいした問題ではありません。

A 有害だとわかっていてたばこや薬をやるなら「どうぞお好きに」

Q

絵を描くのが好きで、これまでも絵画展で何度か入選しています。私が死んだ後は、作品を3人の子どもに分けて遺してあげたい。蛭子さんは死後、自分の作品をどうする予定ですか?

秋桜さん（68歳・茨城県・主婦）

自分の絵を残したいと考えるのは自由ですけど、あまり子どもに押しつけるのはどうかと。いい作品だと思っていても、絵の評価は人それぞれ。子どもにとっては邪魔なだけかもしれません。オレには、自分の作品を残したいという発想はありませんね。これまで描いた絵や漫画は、オレが死んだら適当に道端に置いて、要る人がいれば持っていってもらえばいい。オレの絵や漫画が褒められたときは、もちろん素直に嬉しいですが、半分はホントかなという思いも。フランスにオレの作品を集めているコレクターがいると聞いたことがあるのですが、それはたぶん相当なマニア。日本でいえば、漫画誌『ガロ』のファンみたいなアングラな世界での話で、「フランスでウケてる」ということではないはずです。

絵なら横尾忠則さん、漫画はつげ義春さんがオレの理想。どんなに人が褒めてくれても、オレにとってはまだまだ2人の足元にも及びません。自分の作品の価値は、自分がいちばんわかっている。そんなものですよ。

A 自分の評価は自分でするもの

Q

最近、急に忘れっぽくなって困っています。親友の名前がどうしても思い出せなかったり、夫に頼まれた買い物を忘れたり。物忘れが多いという蛭子さんは、どう対処していますか？

サムデーさん（58歳・宮城県・専業主婦）

心配だったら病院に行けばいいんですよ。オレも60歳過ぎてから、物忘れがさらにひどくなって、医者に診てもらったら軽度認知障害でした。それから左手で円を、右手で四角を描いたり、あれ、左手で三角だったかな……、そんなトレーニングしています。あと、サバやアジがいいみたいですよ。オレは生臭くて嫌いだから、青魚を食べるくらいだったら、ボケたほうがましですけど。

先日、福岡競艇場で次のレースの予想をしていたときに「おー蛭子！　小学校のとき一緒だったオレのこと覚えてる？」と声をかけられました。オレはこう言われても100《パーセント》答えられません。だから同窓会に顔を出さないんです。でも、そのときは「おーっ、タハラ、久しぶり」と、すんなり名前が出てきたんです。60年ぶりに会った相手のことがわかったのは、必死にレースの予想をして頭のめぐりがよくなっていたからでしょう。でも、そのタハラは、双子の兄弟だったんですが、彼が兄だったのか、弟だったのか……。そこまではわかりませんでした。

A　認知症予防には、頭の回転がよくなる競艇がおすすめ

Q

チワワを飼っています。とくに主人がかわいがっていて、いつか亡くなるときに、悲しみのどん底につき落とされそうで心配です。蛭子さんは同じような経験ありますか?

アニマル・サンバさん(48歳・兵庫県・会社員)

ペットが死んだら、という悩みは以前もありましたね。オレも再婚した女房がねこを飼っていて、一緒に住んでいました。ねこが年老いてからは、病院に連れていったり看病したりしたけど、死んでもとくに落ち込みませんでした。今は年一回お墓参りに行くくらい。生きている間だけは、しっかり面倒を見ればいいと思いますよ。

そもそも、オレはねこや犬を、かわいいと思ったことがありません。あっ、パンダだけは違います。上野動物園によく行って、パンダだけを見ていることがあります。というのも、パンダが初めてやって来たときに、エサが竹だと聞いて「アイツらに日本中の竹が食べられてしまう」とすごく心配したことがあったんです。でも日本には竹がたくさんあることがわかって「ごめんね、パンダ」という意味をこめて、通うように。今でもパンダは白と黒がハッキリ分かれていておもしろいですよね。でも、パンダ以外は、ペットとか、他人とか、ほかの生物にはあまり興味がないんですよね。

A 自分以外の生物にはあまり興味が湧かない

Q

マンションでゴミ捨てや自転車の置き方など決まりを守らない人がいます。見つけたら、叱ってやろうと思いますが、なかなか現場を目撃できません。あ〜ストレスがたまります。

スペッチさん（46歳・埼玉県・契約社員）

オレの住むマンションでも、古新聞をグチャグチャに出して捨てる人はいます。オレは、ちり紙交換をしていたから、新聞をひもでくくることがうまいけど、バラバラに出している人がいても、ちっとも気になりません。あなたも自分ができるからといって、人も同じようにできると思わないほうがいいですよ。同じところに住んでいるんだから、叱ろうなんて思わないほうがいいです。

そういえば、オレがメキシコに仕事で行ったとき、空港に着いてすぐにトイレに行ったんです。そうしたら、遅れて飛行機から降りてきたマネージャーに「勝手にトイレに行かないでください！」と叱られたことがあります。それから、ロケ中、マネージャーの顔色ばかりうかがっていました。不審に思ったプロデューサーに理由を話したら「マネージャーに気を遣うタレントは初めてだ」と笑われました。トイレに勝手に行ってはいけないことには、いまだ納得いきませんが、叱られても反省しない人もいるので、人を叱らないほうがいいですよ。

A 叱られても反省しない人もいるから、叱るだけ無駄

Q 最新家電を買うのが好きな夫は、ルンバやスティック型など家には掃除機が5台！　今度は窓ふきロボットを買おうと。掃除しないのに……やめさせたいです！

体スッキリ豆子さん（46歳・群馬県・パート）

女を追いかけているわけでも風俗に金をつぎ込んでいるわけでもないんですよね。だったら放っておけばいいですよ。

それに男には、女性が理解できないことがあるものです。先日大村競艇場に行き、第4レースから遊びましたが、いきなりオレの必勝法の「1256ボックス」買いが的中。ところが、配当が510円（100円で510円）。オレは5千円分使っていたから、4千円の損失になってしまったんです。その後も、予想は見事に当たるんですが、配当が安くて赤字に。次も勝って得た額よりも、買った舟券代が高くなる。結局、レースでは当てたのに、3万円のマイナス……。自分が情けなくなって、久しぶりに泣いてしまいました。それでも競艇は嫌いになりません。50年間続けていますが、競艇場に行く気力がうせたことは一度もありません。これからも舟券を買い続けるでしょう。でもこの思いを女房はわかってくれません。もう少し小遣いが多ければ、舟券がたくさん買えてプラスになったかもしれないのに、遊ぶ金をくれません。

A 50年間、競艇場に行く気力がうせたことは一度もない

Q トランプのような危険人物がアメリカの大統領になることに不安を感じています。不穏な世の中、蛭子さんのような存在が大切だと思います。この世界はどうなっていくと思いますか？

デンデン子さん（35歳・岡山県・会社員）

トランプとオレは意外な関係があるんですよ。大統領選を、どのテレビ局も緊急速報で報じているときに、テレビ東京だけは、オレが埼玉に行って「お昼ご飯」を調査する番組をずっと流していたんです。それで視聴率がよかったから、トランプに対して苦手意識はありません。

トランプを危険だと感じている人が多いかもしれませんが、心配ありません。あの人が大統領になったら、アメリカ人のために一生懸命やると思いますよ。いざ国をまとめる立場になったら、あまり乱暴なこともできないはず。こぢんまりとした大統領になると思いますよ。

選挙戦で相手を攻撃して勝とうとする人は、器が小さい気がします。争わずに闘う……。ちょっと言い方がへんですが、争わずに闘える人が本当に強い人だと思います。

オレがもっとも尊敬するのは、インドの非暴力主義で……誰でしたっけ……（マネージャー「ガンジーですか？」）。そうそう！　尊敬しているのに、あの人の名前を忘れていました！

A オレがもっとも尊敬するのは非暴力主義の……誰だっけ？

Q

リオ五輪で選手の頑張る姿が感動的で、泣きながら応援していました。でも、そんな私を、夫は冷たい視線で見てきます。スポーツ中継を見て感動する女性はへんですか？

シナモンさん（42歳・滋賀県・会社員）

オリンピックがあったんですね。オレはわざわざ見ませんでした。まあ、感動しろ、感動しろって、押しつけてくるテレビで泣けるのなら、簡単でいいじゃないですか。

とはいえ、最近、インターネットテレビで毎週スポーツコーナーを担当しているから、なるべくスポーツを見るようにしています。驚いたのが大相撲です。あんなに太った人がバーンとぶつかって、ドテッとひっくり返るんですよ。あとプロ野球を見に東京ドームにも行きました。5万人も入ると、人が豆粒になって、虫みたいにブワーッといるんです。気持ち悪かったけど興奮しました。

最近、感銘したのは、競艇の清水さくら選手です。20歳の彼女は、それまで74回レースして、ビリが73回で、5着が1回だったんです。そんな選手が初めて1着を取った劇的なレースを見ていたんです。オレは来るわけないと、彼女の舟券は買いませんでした。結局、8万円も負けて泣きそうになりました。リオよりも競艇場のほうがドラマはあります。

A

リオよりもドラマがあるのは競艇場

Q

亡くなった母について相談です。5年くらい前にがんになり闘病していました。昨年亡くなりましたが、ああすればよかったと後悔ばかり。蛭子さんはご両親のことをどう思っていますか？

サキさん（56歳・秋田県・主婦）

えっ、この連載100回目なんですか。どうでもいいことですね。これまで100人以上の相談に回答したけど、読者からの悩みで印象に残っているものはひとつもありません。

オレは、亡くなった父親をバカにしていたんですよ。父は遠洋漁業をしていて、1カ月以上の漁から家に帰ってくると、母の布団で寝るんです。いつも母と一緒に寝ていたオレは、畳に追いやられる。それが嫌だったんですよね。それで死ぬまで父親は面倒くさい存在と思っていました。でも、NHKの『ファミリーヒストリー』という番組で、オヤジがとても家族を大事にしていたことがわかり、すごく反省したんです。バカにしなければよかったと泣いちゃいました。でも、その気持ちは伝わらないし、その後のオレの人生も変わりません。だから、あなたも後悔せずに生きればいいんですよ。親は子どもの幸せを願っているもの。あなたが楽しく生きていけば死んだお母さんも喜ぶと思います……プッ！　なんか恥ずかしいですね。連載100回っていうから適当に答えただけですけどね。

A　死んだ親を思い続けても自分の人生は何も変わらない

Q

6歳の子育てママです。言うことを聞かない子どもに手を上げたり、イオンで置き去りにしようとしたことも。後で〝いけないこと!〟と自己嫌悪に。子育ての極意を教えて。

ソーダキリンさん(35歳・埼玉県・主婦)

北海道の男の子が「しつけ」として山に置き去りにされ、行方不明になった事件もありましたが……、難しいですね。

オレは子育てにはあまり関心がありませんでした。息子がテレビで、小1のときにお金を落としたら、オレにすごく怒られたと話していましたけど、まったく覚えていません。オレとしては、小さいときからお金の大切さだけは教えたかったんだと思いますよ。それ以外は教えることはないし、そもそも期待もしていませんから。子どもにいろいろ求めるから面倒なんですよ。〝人殺しにならない〟とかひとつだけに絞ったらいいんです。といっても、子育てにまったく無関心だったかというとそうではありません。息子はオレに似ていて、人からいじめられやすいタイプ。小学生のときは、いじめられっ子になっていないか心配でした。だから心の中で、息子がいじめられないように祈っていました。〝誰も、オレの子をいじめるなよ〟と。そしたらいじめられませんでした。願っているだけでいいこともありますよ。

A 子どもに期待するから子育てが難しくなる

Q

中2と小6の男の子、小4の女の子の3人の子どもがいます。教育費を考えると気が重くなりますが、妻は娘だけは私立中学校に入れようとしています。なんとかやめさせたく……。

リラクマ次郎さん（41歳・東京都・会社員）

娘が心配だから私立中学校に行かせようとしているんですかね？　それなら奥さんの考えを尊重したほうがいいと思うんですよね。奥さんの言うとおりにしておけばいいんです。あなたが反対したら、奥さんには不満が残るはず。ずっとモヤモヤした感じを持たれたら嫌ですよ。働いて稼げばいいんです。

オレは、自分の子どもの教育は、すべて前の女房まかせでした。そもそも漫画家というフリーの職業だったから、先のお金のことは考えられません。目の前の稼ぎだけを考えていく。その積み重ねだった気がします。それにフリーでも会社員でも「お金はなんとかなる」と思っていれば、なんとかなると思うんですよね。ならなかったら、しょうがないですけど……。そのうち息子がアルバイトをして家計を助けてくれるかもしれないですよ。

そういえば、明日から1週間、女房とハワイに行くんですよ。本当は、カジノがないハワイなんか行きたくないんですよ。でも、これも女房が「行きたい」というから。オレはただ従うだけですよ。

A　なんでも奥さんの言うとおりにしておけばいい

Q

小学校の教員ですが、モンスターペアレントに悩んでいます。いじめを注意したところ、両親から〝言いがかりだ！〟と。何事にもクレームばかり。教師のプライドがズタズタです。

カマッチさん（29歳・神奈川県・小学校教員）

先生としてプライドがあるんだったら、親にきちんと説明したほうがいいですよ。クレームをつけたら、相手が言うことを聞くと思われるのはマズいですよね。

オレは、子どもが学校に行ったら、先生にまかせるものだと思っていました。たたかれようが文句を言うべきではないと。そんな覚悟があってもいいと思いますよ。まして父親がクレームをつけるのはおかしいです。父親は、自分の仕事をまっとうするべき。問題がこじれますから、生徒の父親が校舎に入ることを禁止すればいいんですよ。

とはいえ、オレもクレームをつけることがあります。年末になると商店街で買い物したときに、福引券をくれますよね。それが店員によっては福引券をくれない人がいるんですよ。とくに、いなりずしとか、安い買い物したときは福引券をくれないことが多いんです。そういうときは、大きな声で「くださいよ！」と文句を言います。福引券をくれない店員にも、仕事に対するプライドを持ってほしいですね。

A 父親は学校教育に口出しするべからず

Q 家族や友人から「あなたの目ヂカラ、強すぎて怖い」とよく言われます。なんでも、恐怖映画に出演する某女優に似ているとか。目ヂカラを弱く、柔らかくするいい方法はありませんか?

サムノイチさん(64歳・兵庫県・画家)

目ヂカラを柔らかくしたいのなら、あまり目を見開かないようにしてたらいいんじゃないですか、アハハ。目ヂカラの強さは心の表れですよ。オレは目が優しそうと言われますが、それは心が優しいからなんです。でも、この人は、画家じゃないですか。だったら目に力があったほうがいいですよ。目を見開いている人は物事もしっかり見られるから、絵がうまいと思います。

オレみたいに死んだ目をしていると、きれいに描けないんですよ。デッサン力も弱いし、展覧会でも「下手なくせに個展なんかしやがって」と批判されるような気がして……。みんなが思っているけど黙っていたことを、誰か一人が言うことで、オレへの非難が爆発しそうで怖い気持ちもあります。

ともあれ、目ヂカラといえば、競艇場でも、おじさんたちが予想をするときの眼光の鋭さは迫力ありますよ。オレは優しい目をしているから、負けてしまうんでしょうね。あなたも競艇をしたらきっと勝てると思いますよ。

A 目ヂカラの強い人は競艇にも強い

Q 東京五輪のロゴ問題が騒がれています。私も過去の秀逸なデザインを参考にして真似することもありますが、それはひとつのオマージュです。世間は騒ぎすぎだと思いませんか？

カンニャーさん（26歳・埼玉県・ウェブデザイナー）

ウェブデザイナーがどんなことをするのかも、オマージュがどういうことかもわかりませんが、人の作品を真似してしまうのは、デザイナーとして失格です。すぐに仕事を変えたほうがいいですね。佐野研二郎さんのロゴはやりすぎだったと思いますよ。人の作品に影響を受けることもあるでしょうが、〝パクリ〟はダメ。デザイナーなら大幅に変えないといけないと思うんですよね。オレもつげ義春さんの『ねじ式』が大好きですが、同じようには描きません。そのまま真似ることは、漫画家としてとても恥ずかしいことだからです。横尾忠則さんの絵にも影響を受けていて、作風が似ていると思われるかもしれません。それでもオレは、横尾さんよりも絵柄を簡単に描いていますから、真似にはなっていないはずです。

とは言いながらも、オレが主演の映画『任侠野郎』でヤクザの役を演じたんですが、あれは高倉健さんの演技をそのまま真似しました。それなのに演技をすると、監督や共演者から大笑いされてしまうんですよね。

A 人の作品をパクるのはとても恥ずかしいこと

Q

小さいときの夢は女優。夢を諦めることができず、このたび履歴書を芸能事務所に送ったら書類選考を通過しました。次はオーディションですが、受けるべきかどうか悩んでいます。

タカセコさん（36歳・東京都・無職）

履歴書まで送っておいて、迷うのはおかしいことですよ。オーディションを受けなかったら後悔したり、悩んだりしますよ。それに10《パーセント》ぐらいの確率で、女優になれるかも。根拠はまったくありませんが……。

でも芸能界で働くのは大変ですよ。あんなに売れていたベッキーさんが干されちゃうこともあるんですから。そういえば、ゲスの極み乙女。は、知らなかったんですが、これを機会に曲を聴いてみたらなかなかいいんですよ。いい宣伝になりましたね。あの川谷（絵音）さんは、オレと同じ長崎出身。あっちは長崎東高校で進学校でしたけどね。でも長崎は開放的で、ほんわかした人が多い。それに不倫をしないに越したことはないけど、好きになったらしょうがないんですよ。

オレだって、ちょっと寂しくなるときがあって、不倫したいな、という思いにかられることは……ないこともない。えっ、『女性自身』で誌上愛人募集しましょうか？　いや、それはマズいですよね、マズい、マズ……ホントですか？

A　あなたが女優になれる確率は10《パーセント》ぐらい

Q 将来、映画監督になりたいです。蛭子さんは映画監督に必要なものはなんだと思いますか？　ちなみに僕は『シン・ゴジラ』を作った庵野秀明監督の独特な世界観が好きです。

ササ坊48さん（18歳・埼玉県・高校生）

A 『シン・ゴジラ』は最初から最後まで寝てた

『シン・ゴジラ』は、映画館に行きましたが、最初から最後まで寝てしまって、まったく観ていないんです。ヒットしている『君の名は。』は、そもそもアニメだからまったく見る気がしません。そんなオレに聞きますかね。

とはいえ、オレも映画監督になる夢があって、上京したときにシナリオ学校に入りました。仲間と一緒に映画を撮ろうとしたけど、友達が一人もできずに諦めたことがあります。それでも50歳を過ぎて『諫山《いさやま》節考《ぶしこう》』という映画で初めてメガホンを取りました。監督に求められるのは才能ではありませんよ。俳優の人たちは、こんな演技をしてやろうと勝手に考えてくるんです。監督は威厳をもって「それはだめですよ」と、自分の思い描いたとおりに演技をさせることだと思います。

オレは、人に指図するのが苦手。『諫山節考』のときも、出演者から、どうしたらいいかとか聞かれたら困るから、すぐにＯＫを出して、現場を終わらせていました。映画監督に必要なのはワガママです。

Q

昔から太川陽介さんのファンです。蛭子さんと一緒に出ていた『ローカル路線バス乗り継ぎの旅』で、太川さんが再ブレイクしたのが嬉しいです。お近づきになりたいので、アドバイスを。

マッキーさん（54歳・富山県・主婦）

あたかも、オレが太川さんをブレイクさせたように書いていますが、彼は、そう思われることを、すごく嫌います。元アイドルだから、プライドが高いんですよ。これでは太川さんに絶対に好かれませんね。『路線バス～』は、太川さんの番組だし、オレは彼についていくだけ。すごい親分かたぎですが、とても気配りをする人なんです。旅先のご当地ものって、魚がほとんどですよね。苦手なオレはカレーやトンカツを注文するんですが、太川さんはご当地ものを食べるんですから。

あと、旅先で「ドボチョコリン」というトランプをやるんです。太川さんが考えた、最後に「ドボチョコリン！」と言う、すごくつまらないゲームなんですが、たいてい太川さんが勝つんです。あの人、どんなゲームでも、子どもみたいに真剣になるんです。あなたも「ドボチョコリン」で、太川さんを負かすくらい腕を磨いたら、振り向いてくれるかもしれませんよ。ただ、どんなルールだったか、オレはまったく覚えていませんけど……。

A **太川さんが考えたゲーム、ドボチョコリンはつまらない**

Q カレーライスが大好きです。カレー好きの蛭子さんは、どんなタイプのカレーが好きですか？　また、お気に入りのカレー店があったら、教えてください。

サワコさん（36歳・広島県・主婦）

オレが好きなのは、母が作った「ベルカレールウ」を使ったカレーですね。どこの家も同じベル食品のカレー粉でしたが、近所のなかではもっとも貧乏で、肉も少なかったウチのカレーがいちばんおいしかったです。その後、東京で結婚しましたが、まったくお金がなかったんですね。漫画雑誌『ガロ』で入選したときに、前の女房がお祝いで作ってくれた50グラムの豚肉が入ったカレーも忘れられません。

そういえば今日、出がけに、娘が「今晩はカレーだからね」と。じつは、娘が初めて作ったカレーがメチャクチャうまかったから褒めたんです。そしたらカレーを作るたびに誘われるんですが、最近は凝りすぎているのか……まあ、今日はカレーを食べなくちゃいけないんです。あと好きなのは「ＣｏＣｏ壱番屋」のポークカレー。飾りつけしないシンプルなカレーが好きですね。太川陽介さんは〝ココイチ〟で５千円くらい使うそうなんですが、何をどれだけトッピングしたらそんな値段になるのか……。うふふ、まだアイドルだった自分を引きずってるんですかね。

A 太川さんはココイチで5千円もトッピングするおかしな人

Q

らっきょうが嫌いです。それなのに、カレーライスの名脇役さん。一時はカレーのルーをたっぷりかけて、のみ込んでいましたが、やはり無理。蛭子さんならどうしますか？

パズルーさん（49歳・会社員・愛媛県）

らっきょう……どうでもいいですよ。この前、鳴門競艇場でイベントの仕事があったんですよ。ステージで競艇の話をして、その場で現金のギャラが出るからおいしい仕事ですよ。でもその合間に舟券を買ったら、すべてハズレ。勘が鈍ったんですね。ギャラ以上の負け。金を稼ぎに行ったのに、家に帰ったらポケットには千円札2、3枚だけ。ひさしぶりに泣きそうになりました。

らっきょうですか……。「中村屋」のカレーにはついてきますね。オレはらっきょうがついていると、カレーが豪華に見えて好きですけどね。そんなに嫌いなら食べなければいいだけ。無理してのみ込む意味がわかりません。残すことで、店の人に悪いなあと思うなら、「らっきょうはつけないでくださいね」と言えばいいだけですよ。

そういえば鳴門競艇場の食堂のカレーは福神漬けだけ。そもそも競艇場のカレーにらっきょうはありません。あなたの近所には、丸亀か鳴門に競艇場があります。カレーは競艇場で食べればいいんです。

A らっきょうがついてるとカレーが豪華に見える

Q

私はケーキを食べるときに牛乳が欲しくなるのですが、喫茶店のメニューには牛乳がないことが多いです。どうしたらいいでしょうか？

クマオさん（38歳・神奈川県・フリーター）

たしかに、喫茶店のメニューに牛乳はない気がしますね。腐りやすいからですか。もし牛乳を買って、店に持っていったら怒られるんですかね……。だったら、ケーキを買って、家で食うしかありませんよ。でも、喫茶店で食べたいんでしょうね。どうしたらいいだろう。

クマオさんはフリーターをしているなら、アルバイトしたお金で、自分で店を作ればいいんですよ。砂糖がはいっているとか、いろんな牛乳が楽しめる「牛乳が飲める喫茶店」という名前で。へへへ……。

でも、そんな喫茶店には行きたくないですね。というか、オレは人生で一回も牛乳を飲んだことがないんです。小さいときに口をつけたくらいはあるかもしれませんが、甘くないので、それ以来、一度も飲んでいません。給食に出たけど、一切手をつけませんでした。飲むことを強制されたことも、それで怒られたこともありませんね。牛乳なんて、この世になくてもいいんです。カルシウムは、コーヒー牛乳で取ればいいんですよ。

A 牛乳なんてこの世になくてもいい

Q

誰がいちばん口を大きく開けられるか家族で遊んでいたら、小5の次男のアゴが外れました。バイクで病院に連れていって事なきを得ましたが、それ以来、息子のアゴがよく外れるように……。

ダル美乳さん（47歳・栃木県・主婦）

あ〜これオレと一緒だ。本当に、こんな相談が来ているんですか？　それにしても、誰がいちばん口を大きく開けられるかなんて遊びはおもしろいですね。

オレも、池袋の立ち食いそば店で〝デカいなり（すし）〟を一口で食べようと、口を大きく開けたら、ガクンと、アゴが外れたことがあるんですよ。初めての経験で、うわっとなって、あと話せないんですよ。「助けて」と言おうとしても「アワワワ」としか言葉が出てこないんです。『スーパーJOCKEY』に出ていたころで、従業員の人が「蛭子さん、何しているんですか?」と、心配してくれるけど「アワワワ」としか答えられない。困りましたよ。しばらくして、両手で顔を上下、左右と押さえていたら、見事なくらい、カクッてはまったんです。

それから、大きく口を開けるのが怖くなって、笑うときも口を閉じています。〝デカいなり〟も、パチンコしたあとに必ず食べていたけど、あれ以来、口にしていません。〝デカいなり〟は危険です。

A　アゴが外れるから〝デカいなり〟は危険

Q いつも楽しく読んでいます。以前、蛭子さんは、自由を守るために規則を守るとおっしゃっていましたが、前に麻雀賭博で逮捕されたことがありますよね。矛盾していませんか？

黒茶さん（52歳・新潟県・主婦）

えっ、これ人生相談ですか？　建前上は反省していますが、はっきり言って改心していません。まあ麻雀は控えていますけど……。オレは法律に違反するのは、他人に迷惑をかけることだと考えているんです。だけど、賭け麻雀は人に危害を加えていないし、そもそも金を賭けないで楽しいという人はいませんよ。そんな現状を警察はわかっていて、ときどき見せしめのように捜査する。それでは逮捕される人はバカバカしいと思うんですよ。

オレは、社会の一員として、法律をしっかり守りたいタイプ。なぜなら自由でいるためには、後ろめたい気持ちにならないことが大事だからです。これだけ麻雀が社会に浸透しているのに、1円でも金を賭けたら賭博罪と取り締まるのは、おかしいと思うんです。オレたちの意見をもっと聞いて、いくらまでなら罪にならないか決めてほしいものです。法律には背いているかもしれないけれど、オレの考えが世間からずれているとは思わないんですよね。これからも発信していきたいと思います。

A あいまいなルールは自由を束縛する

Q
方向オンチが直りません。お店に入って出たら、どっちから来たかわからなくて困っています。いろんな人に聞きながら、やっと目的地にたどり着くことも。どうしたら直りますか？

いくちゃん（45歳・埼玉県・主婦）

オレもそうなんですよ、急に方向オンチになっちゃったんですよ。この前も新宿で迷ってしまいました。通いつめた町なのにわからなくなってしまったんですよ。

最近は、出かけるときに、途中の看板や商店とか、目印を覚えておくようにしています……というか、いきなり方向オンチになったくらいだから、あなたも突然、直るかもしれませんよね。何か脳トレみたいなことをすればいいかもしれませんよ。

オレは脳を鍛えるために、「健康麻雀」をしています。昼12時から夕方4時までやる健全な麻雀で、メンバーはおばちゃん15人くらいに、男が3人だけ。そこで卓を囲むんですが、おばちゃんたちの（麻雀パイを）打つスピードが遅くてイライラします。『THEわれめDEポン』で2連覇したことがあるオレでも、そこでの戦績はいつも真ん中。「健康麻雀」だから金は賭けていません。やっぱり麻雀は、金を賭けないと、脳は活性化しません。カジノ法案だけでなく、麻雀法案も通してください。

A
カジノ法案に続き麻雀法案も通して

あとがき

自由に楽しく生きるには、「自分を変えない」ほうがいい。

なんか、最近、オレは親父のことをよく考えているんですよね。父親は、オレが21歳のときに、64歳で亡くなりました。父の死に、涙ひとつこぼさなかったオレを、親父はどう思っているんやろかと――。

徳島出身の親父は、長崎に移り住んだあとも「阿波船団」という、勇ましい

漁業船団に入っていました。そこでは腕のいい漁師として、仲間からの信頼が厚かったそうです。

「阿波船団」は、ほかの漁師が危険だからと行かないような、荒れくるう東シナ海や黄海の遠洋まで行って、1、2カ月間ずっと魚を追っていました。魚はたくさん獲れるけど、海で死ぬ人も多かったようです。

そんな命がけの漁を終えて、長崎に帰港すると、船団員たちは、まっすぐ飲み屋街にある料亭に繰り出します。無事に戻ってこられたことへの「祝いの会」をするのが習わしだったんです。「祝いの会」といっても、仲間の結束を固めるための〝どんちゃん騒ぎ〟。でも、この会に参加しなければ、けっこうな額の「罰金」が科せられていたそうですよ。

親父は、船団員のなかでひとり、その「祝いの会」には参加せず、毎回、罰金を払って、まっすぐ家に帰っていました。飲み会に出るよりも、一刻も早く母親に会いたかったんでしょうかね。それだけ父は、母親のことが好きでした。

オレといえば、親父が帰ってくると、それまでの母親と二人っきりの生活が乱されるので、すごく嫌でした。食卓には、親父の好物のすき焼きが上がります。そのころ、オレは、肉の生臭さが受けつけられず、いつもうんざりしていました。

オレはいつも母親とひとつの布団で寝ていましたが、帰ってきた親父は、母親の隣で寝るので、オレは布団からはじき出されていました。

家にいるときは、いつもゴロゴロしていて、屁ばかりしている。そんな親父のことを、心から尊敬することはできません。どちらかというと、情けない男とさえ思っていました。親父が死んでからも、ずっと、つい最近まで……。

じつは、親父が「祝いの会」に参加しないで、まっすぐ家に帰ってきたという話は、『ファミリーヒストリー』というＮＨＫの番組で初めて知りました。親父の友達や親戚に取材したそのＶＴＲを見ながら、オレは涙が止まりませんでした。

陸《おか》に上がったら、一目散に家に帰る親父のことを、ほかの船団員は、冷ややかしたり、笑ったりしていたかもしれません。でも親父は、仲間からどう思われようが、母親と一緒にいたいという思いを貫いていたんですね。

人から笑われようが、後ろ指さされようが、自分にとって「楽しいこと」や「好きなこと」ができればいい――。親父もオレと同じようなことを思っていたようです。

結局、「人からどう思われるか」なんて、どうでもいいことなんですよ。母親に会いたい気持ちを抑えてまで、いたくもない場にいて何になるのか。自由に楽しく生きるには「自分を変えない」ほうがいい。やっぱり、オレは親父の子どもです。

その番組を見て、オレは、父のことを尊敬できなかった自分をすごく恥じました。親父が死んだときに涙を流さなかったこともちょっと悔やみました。でも、しょうがないですよね。「ま、いいか」ですよ。たぶん、親父も「ま、いいか」と思っている気がします。

長崎の方言に「のぼせもん」というのがあるんです。お調子者で、おもしろいことを言ったり、ひょうきんなことをしたりして、人を喜ばせる人のことをいいます。

この「のぼせもん」は、皆が困っているときや気分が落ち込んだ場面で「そげん深刻に考えよっとね。笑ってすませんばいけんとね」と言います。オレには、そんな気質があるようです。

人生相談で、切実なものから気軽なものまで、たくさんの悩みを聞いてきました。なかには他人から見たら些細なことでも真剣に思い悩んでいる人も。人生って大変ですよね。

人からどう思われようが、「ま、いいか」ですませてしまうオレは、悩みを解決するような回答をした記憶がありません。

それでも、オレの話で、人生が少しでも楽になってくれたら「のぼせもん」としては、これほど嬉しいことはありません。

それでは、最後まで読んでくれて、ありがとうございました。

蛭子能収(えびす・よしかず)

1947年10月21日生まれ、長崎県出身。長崎商業高校卒業。看板店、ちり紙交換、ダスキン配達などの職業を経て、33歳のときに漫画家に。タレント、俳優、エッセイストとしても活躍中。おもな著書に、『パチンコ 蛭子能収初期漫画傑作選』『ひとりぼっちを笑うな』(ともにKADOKAWA)、『ヘタウマな愛』(新潮社)、『蛭子能収のゆるゆる人生相談』(光文社)などがある。

本書は『女性自身』2015年7月7日号～2017年10月3日号掲載の『蛭子能収のゆるゆる人生相談』の一部に加筆修正を加え、新たに「『笑われる』心得」パートを書き下ろしたものです。

笑われる勇気

2017年10月10日　初版第1刷発行

著者　蛭子能収
発行者　大給近憲
発行所　株式会社 光文社
〒112-8011
東京都文京区音羽1-16-6
電話　［編集部］03-5395-8240
［書籍販売部］03-5395-8113
［業務部］03-5395-8128
印刷・製本　共同印刷株式会社

落丁本・乱丁本は業務部に連絡くだされば、お取り替えいたします。

Printed in Japan ISBN978-4-334-97954-6